首都优秀中学历史老教师研究丛书

丛书主编　杨朝晖　王海燕

史有长宽 师情无垠

贾长宽老师专业情意的叙事研究

本册主编◎梁　然

北京燕山出版社

图书在版编目（CIP）数据

史有长宽　师情无垠 / 梁然主编 . — 北京 ：北京
燕山出版社，2023.4
　　ISBN 978-7-5402-6618-9

　　Ⅰ．①史… Ⅱ．①梁… Ⅲ．①中学历史课－教学研究
Ⅳ．① G633.512

中国版本图书馆 CIP 数据核字（2022）第 140196 号

史有长宽　师情无垠——贾长宽老师专业情意的叙事研究

主　　编：梁　然
责任编辑：王月佳
出版发行：北京燕山出版社有限公司
社　　址：北京市西城区椿树街道琉璃厂西街 20 号
电　　话：010-65240430（总编室）
印　　刷：北京欣睿虹彩印刷有限公司
开　　本：710mm×1000mm　1/16
字　　数：138 千字
印　　张：13.75
版　　次：2023 年 4 月第 1 版
印　　次：2023 年 4 月第 1 次印刷
定　　价：48.00 元

首都优秀中学历史老教师研究丛书

丛书主编

杨朝晖　　　王海燕

本册主编

梁　然

编　委

金晓洲	马甜甜	刘艳萍	张启凤
张　华	张新梅	姜　静	熊洁婕
康蕙茹	李　瑾	张　进	李　岩
杨茜媛	王　维	杨连翠	徐　娟
多海红	王学伟	杨玉红	

史有长宽　师情无垠

——贾长宽老师专业情意的叙事研究

总序

仰望与走进

首都师范大学开展的"首都优秀中学历史老教师研究"是于2020年6月启动的。之所以启动这一研究，主要基于以下背景和原因。

首先，新时代发展要求建设高素质教师队伍。

当前国际社会面临百年未有之大变局，人才竞争成为国家竞争核心领域。从这个意义上讲，教师影响着国运，也决定着人类社会的发展进程。为此，2018年，中共中央国务院颁布《关于全面深化新时代教师队伍建设改革的意见》指出，要"全面提高中小学教师质量，建设一支高素质专业化的教师队伍"。2019年，《中国教育现代化2035》发布，指出要"建设高素质专业化创新型教师队伍"。2021年，教育部颁发《中学教育专业师范生教师职业能力标准（试行）》，将师德践行能力列在了标准的首位，指出，"遵守师德规范"和"涵养教育情怀"是教师具备师德践行能力的重要体现。这表明，"师德规范"和"教育情怀"将是一名师范生成为合格人民教师必须修炼的、最基本的、最首要的品质和能力。

其次，高素质教师队伍建设需要有榜样人物的引领。

当前，我国已进入全面建成小康社会的关键阶段，迫切需要大力弘扬社会主义核心价值体系和模范人物的崇高精神。为此，国家非常重视时代楷模的榜样引领作用，每年都会评选全国教师十大楷模。

特级教师是教师中的佼佼者，是教育界一笔宝贵的精神财富。我国历来重

视对特级教师的研究与文化传播。1995年，由时任教育部长柳斌亲任主编，出版了《中国著名特级教师教学思想录》丛书。这一丛书共计16卷，约800万字，是我国特级教师教育教学思想和方法的集大成之作，对整体提升我国中小学教师队伍业务水平产生了巨大而深远的影响。

《著名特级教师教学艺术（中学卷）（小学卷）》是根据教育部师范教育司制定的《中小学教师继续教育课程开发指南》于2000年编写的。它主要展示了邱学华、钱梦龙等十位著名中小学特级教师的教学思想、教学艺术、教学经验和教改成果，为广大中小学教师实施素质教育、促进自身专业发展提供了典型的案例。

《中国特级教师文库》（人民教育出版社，2003年版）共50卷，是教育部特级教师计划重点项目，由教育部组织编写，对一批各学科特级教师多年的教学实践进行了总结，同时也促进了特级教师在思考、总结、提炼中登临新的境界。

王铁军在其《名校长名教师集体个性研究》（江苏人民出版社，2005年）一书中汇集了对江苏省29名典型优秀校长及教师个案研究的报告。袁振国主编了《中国当代教育家丛书》（高等教育出版社，2005年版），该书一共10本，一本介绍一名教育家，以宣传教育家的事迹，反映教育家的成长，促进教育的改革发展。

各地区也很重视对优秀教师文化精髓的挖掘与传播。从1979年下半年开始，北京市教育局就制订了工作计划，率先着手总结年事已高的优秀教师的经验。经过两年努力，先后写出了北京四中张子锷、北京六中李观博、北京师大实验中学张玉寿、北京一六一中学肖淑英、教育学院东城分院刘祖植、北京东直门中学宋毓贞等老师的经验。这些宝贵的经验对推动首都师资水平和教育质量的提升起了巨大的推动作用。

1986年，北京市人民政府决定出版《北京教育丛书》，鼓励北京优秀的中学校长和教师著书立说。30多年来，共出版《丛书》300多本，并通过政府渠道将图书配备给各学校阅览室。

作为教育科学"九五"规划国家级重点课题"骨干教师队伍建设研究"的

成果之一，1999年，北京教育学院编辑出版了《北京市优秀教师教育思想与教学艺术评介丛书》。这套丛书包括各个学科共10册，总结了159位优秀教师的教育思想和教育教学经验，从多方面反映了优秀教师的教育思想与课堂教学艺术，对已经步入教师岗位和即将步入教师岗位的同志都起到了很好的示范、引领作用。

2003年，作为北京市"九五"规划重点课题成果，首都师范大学出版社出版了由王玉华、杨朝晖主编的《创造型教师的品质特征及其培养途径研究》一书。该书全面展示了对创造型教师群体的研究成果，生动展示了张思明、郝又明、生世俊、陈志嘉等一批出类拔萃的教师的个性品质特征、充满追求和创造的人生经历和教育艺术，并深入挖掘了其发展背后的影响因素，为培养创造型教师提供了有益启示。

2012年，为深入开展对苏派教学的研究，江苏省教育厅组织编辑出版了《著名特级教师思想录》共计13卷。编者通过各市推荐，从近2000名特级教师中遴选出535人的著作入选。该书是苏派教学书系的开启之作，具有权威性、思想性、引领性、实用性等特点。

从历史学科的角度，自1979年起，由北京师范大学、北京师范学院（现首都师范大学）从事历史教学法研究的孙恭恂、周发增等专家以及北京教育学院东城分院历史教研室的刘宗华老师等组成三方研究小组，对宋毓贞、时宗本两位老教师进行经验总结。为了能更好地真实感受老教师的精神风采和教学经验，他们不辞辛苦，连续听了老教师的几十节课。根据录音从中选出若干节整理成课堂实录，并加以评论，用了三四年的时间出版了《宋毓贞的中学历史教学》和《时宗本的中学历史课堂教学》两本教学经验集。这应是北京最早对知名历史教师进行的经验总结。

1990年，北京教育学院组织中学高级教师研修班，由此集结了全市众多优秀教师，其中有4位特级教师。学员们不仅进行学习，还将30多年的教学经验进行总结，以微格教学的方式，汇集成《谈历史教学技能》。这应是最早对历史教师经验集中梳理的成果，为微格教学法奠定了基础。

1999年，经过与市、区负责中学历史学科教研和培训工作的同志反复协

商,北京教育学院历史系从北京市自50年代以来数千名中学历史教师中,遴选出20余位有代表性的,并在北京市乃至全国中学历史教学中有一定影响的教师,作为采访对象。以素质教育为背景,对王树森、王家琪、左玉祥、齐渝华、杨子坤、孟广恒、姜菲等14位优秀教师进行结构性访谈,既挖掘了每个人的亮点经验,又探究了他们对于素质教育相关问题的看法,最终结集出版了《北京市中小学优秀教师教育思想与教学艺术评介丛书(历史卷)》。

2014年,北京师范大学出版社出版了《海派历史教学》。该书汇集了上海老中青三代历史教师代表人物,勾陈出从新中国成立到21世纪60年代的教学故事。

以上表明,优秀教师典范在较早时期就已成为重要的研究对象,相关研究已成为教育研究的一个重要领域,且已涌现出一批高质量的研究成果。

第三,首都蕴含着丰富的优秀老教师文化资源。

首都作为首善之区,曾涌现大量的优秀卓越教师。他们是最早被评为"特级"的教师,是教师中真正的精英,堪称那个时代的骄子,是广大教师学习的榜样。

北京市教委人事处主编的《北京市特级教师30年(1979—2009)》(教育科学出版社,2012)显示,从新中国成立后至"文化大革命"前,北京市评选的特级教师仅仅42人,1979—2009年评选的北京市特级教师也仅781人,可见首都特级教师的精英性。

以历史教师为例。1979年,时宗本是北京市教育局评选的北京市唯一的特级教师。在教学中,他理论联系实际,一贯坚持把"育人"放到第一位,在课堂教学和课外讲座中都致力于渗透历史观点,进行爱国主义教育。他对历史教材分析精辟、深刻有条理,讲课形象生动,有强烈的感染力和启发性。时宗本老师在培养青年教师和发表论著方面也卓有成效。在身体虚弱的情况下仍做到有求必应,先后在校内外作学术报告和专题讲座近百次,并为本市历史教师进修班讲课近20次,真诚无私地培养了许多中青年教师。此外,他还发表论著,编写教材、教学参考书,总结经验,在报纸杂志上发表20多篇,累计15万字之多。

宋毓贞老师抗战前是燕京大学历史系的研究生。毕业后一直从事历史教学工作，为教育事业贡献毕生的精力和心血。早在建国初期，她就经常举行全市观摩课，得到苏联专家认可，给全市中学历史老师留下深刻印象。宋老师严谨治学，认真备课，一丝不苟。每次讲课前，她都要重新学习大纲，熟读教材，写出详细教案。每次讲课前，她都要在家试讲两到三遍，用特制的小黑板，边练边修改。宋老师经常说："教师在课堂上的一言一行要对党对人民负责，不能粗枝大叶，信口开河，否则贻误学生，害人害己。"

陈毓秀老师1925年生于江苏苏州。自1943年起，于苏州省立女子中学等学校任教。1954年，调入北京市第28中学任教直至1988年退休。1986年，被评为特级教师。陈毓秀老师是新中国成立以来我国中学历史教师的杰出代表性人物之一。她教学风格大气清新、浑然天成。她的教学方法总有自己的创设和创新，深受学生们的爱戴和同行的敬仰。陈老师虚心好学，笔耕不辍，为中学历史教学界留下了丰硕成果，最早出版了有关教学法的专著《怎样教好历史课》（北京师范学院出版社，1985），对我国中学历史教学发展起到了重要的奠基和推动作用。

李秉国老师1963年毕业于东北师范大学历史系。从1969年开始，先后任教于北京市丰台区第一中学、北京市丰台区第四中学、北京市第十二中学。1991年被评为北京市特级教师。从20世纪70年代后期起，开始探索图示法教学，著有《中学中国史图示教学》和《中学世界史图示教学》。90年代中期，李老师开始把图示教学与现代化电脑技术结合起来，给图示教学注入新的活力。他出版的《中学世界史教学辅助软件（上、下册）》在北京市历史教学领域，产生了很大的影响。在工作中，李老师也注意培养青年教师和班主任工作。1983年度被评为"全国优秀班主任"；1986年被授予"北京市模范班主任"称号。

颜家珍老师1938年出生于四川乐至。1960年自北京师范大学历史系毕业后一直任教于清华大学附属中学至退休。1991年被评为北京市特级教师。从教几十年，她始终坚持对学生的历史思维能力培养、思想价值观教育进行积极探索和总结，形成了自己独特的教学思想和教学风格，著有《历史教学与学生思维能力的培养》。颜老师认为教育要"守住灵魂"。从上世纪60年代起至今，

颜老师坚持普及圆明园知识，并用圆明园史和圆明园遗址对学生和青少年进行爱国主义教育，60年来从未中断。其专著《中国园林的瑰宝——圆明园》获得2007年冰心儿童图书奖。

以上只是知名历史老教师中的典型代表，首都优秀的特级教师还有很多很多。如北京市第三十五中学的陈隆涛老师学贯中西，尤其是世界历史教学高屋建瓴，令人敬仰。北京师范大学附属中学的杨子坤老师多年来对历史学科能力、历史学科德育功能进行研究，探索了"问、答、评、导教学法""逻辑直观教学法"和"因点而雕教学法"等，形成了个人的教学特色，所教高考班的历史科平均分曾获北京市第一名。北京市第三中学的朱尔澄老师是最早以科学实验开展教育研究的中学历史教师。她以北京八中少年班为实验对象，联合高校和市区教研的专业力量，共同探索历史思维教学，形成了情理交融的教学思想和风格……

此外，还有大量没有取得特级教师荣誉的优秀老师，也非常值得我们敬仰、敬重。如北京回民中学的陈志嘉老师自学成才掌握绘画技术，自创历史挂图放大法，研制历史挂图来帮助学生形象化地理解历史。他研制的上百幅历史地图和教具，精美逼真，深受学生喜爱，课堂效果显著。北京市第八中学的左玉祥老师、北京市铁路第四中学的金汉鼎老师、北京市第二百一十四中学的谭伊美老师、北京市东直门中学的谭天老师、北京市广渠门中学的陈邵贞老师、北京市第一百二十二中学的王烈遗老师等，他们在中学历史教学第一线默默耕耘了几十年，对工作认真负责，坚持教书育人，深受学生尊敬和爱戴。

总之，首都作为教育的首善之区有太多太多的优秀历史教师，他们求真、求实、求新的高尚的品格，对党的教育事业的无限忠诚和热爱，形成独特的教育思想与风格，取得的教育教学成就，都成为那个时代的标杆，也成为后辈永远的学习榜样和宝贵财富。

第四，首都优秀老教师文化资源亟待抢救式挖掘和传承。

作为一笔宝贵的财富，优秀老教师作为一种特殊的具有示范引领价值的文化资源，急需进行抢救性挖掘。2022年，又有两位德高望重的历史教学前辈离开了我们，他们是陈毓秀老师和李秉国老师。陈毓秀老师一生致力于中学历史教学工作，是新中国成立以来我国中学历史教师的杰出代表性人物之一。李秉国老师创新"中学历史图示教学法"，为推动全国的历史教学改革做出重要贡献。他们的离去，无疑也增强了我们将首都优秀中学历史老教师研究加以推进的紧迫感与使命感。

从年龄来看，这些优秀老教师及知情人都相继进入耄耋之年，有的在近年相继去世。因此，对优秀老教师文化的挖掘与传播具有相当的紧迫性。另一方面，教师队伍则出现了代际断裂与传承不足问题。

作为人民教师的摇篮，首都师范大学（原北京师范学院）一直肩负着为首都培养师资的主责和主阵地作用。但受多重历史因素影响，在上个世纪90年代首都教师出现了严重不足，由此，北京开始了接受外地师范生源，从外地引入教师的历史。从此首都教师队伍师源结构变得多元，师承代际关系开始复杂。

进入21世纪以后，随着人民对高质量教育的渴求，教育领域进行了大刀阔斧的改革，进行了并区、并校运动，很多学校被合并、撤销，教师队伍也出现了重组，教师领导更换频繁，由此导致被合并退休老教师找不到归属，教师队伍代际关系出现断裂等问题。例如，陈毓秀老师原来所属的第二十八中学，被合并到第一六一中学，陈毓秀老师的人事关系也转移到第一六一中学。

高素质的教师队伍需要在传承中发展。研究表明，"老带新"既可以增加新教师的实践性知识，又可以让老教师补充时代性知识。同时，教师发展和教育革新的可能空间和限制因素，很大程度上蕴含于教师职业文化之中。因此，如果没有教师职业文化的内部传承这一深层次的支持，任何教师发展和教育革新都将是灵魂匮乏的短视之旅。文化需要传承，教师文化更需要传承与发展，并在传承与发展中不断创新。

第五，对优秀老教师文化的挖掘与传播仍有很大空间。

研究表明，榜样教师对教师发展具有重要的激励和示范作用。树立榜样的意义在于能够使教师通过对榜样的观察，形成自己的教学规则，在教学上有所创新。尽管榜样人物对教师发展具有重要作用，但学界更多关注了个别优秀教师的特征研究与自我成长的叙事探究，但对其成长背后的因素，缺乏集实践

和理论于一身的深入探究。同时，研究的对象也聚焦到在职教师群体，对退休的优秀教师群体缺乏关注。

近年，国外学界对老教师及退休教师的研究主要集中在两方面：一是对老教师及退休教师与新教师的对比研究，涉及教师幸福感获得和代际分化等问题，二是对老教师及退休教师群体退休后心理调适状态及退休福利等方面的研究；在研究对象上，主要聚焦高校退休教师；在研究领域上，则主要集中在对退休教师心理调适、福利、管理上，少见对退休教师个人经历的探讨。

总体而言，对教师经验的挖掘更多是基于优秀教师自我叙述以及自我经验总结。以第三者对优秀教师进行全方位的学术研究案例并不多，而对于教师群体风貌的整体研究也比较缺乏，且无论是官方还是学界近年来对优秀教师经验的大规模挖掘与传播出现下滑趋势。

综上，开展对优秀知名历史老教师研究具有如下价值。

从现实价值来说，有助于树立更多立体鲜活、近在身边、可学可用的榜样人物，强化我国新时代教师队伍建设的价值与精神引领，培育新时代教师发展根基，促进代际的文化传承，提升新时代教师的高品质发展。

从历史价值来说，新中国成长起来的几代老教师是共和国宝贵的财富，他们经历时代变迁，支撑起共和国的教育大厦，为共和国的发展做出了不可磨灭的贡献。开展对他们的抢救式挖掘与文化传播，既是对他们的尊重，也是对历史的负责。

从研究价值来说，以社会历史文化视角开展对优秀老教师研究，可以进一步拓展优秀教师研究领域，深化研究内容，弥补对优秀老教师群体研究的不足，形成对优秀教师群体内涵及价值功能的新理解新认识，从而丰富优秀教师研究视域和成果。

基于以上背景和研究价值，我们的课题研究将研究目标定位为以下几个方面。

第一，抢救、梳理首都优秀老教师留下的影像、实物资料等遗存，为后世保留宝贵的历史文化遗产。第二，通过研究优秀老教师的个性与共性特征，形成对首都优秀老教师群体文化风貌的整体认知，形成优秀教师文化传承的内容框架和实践指向。第三，通过筛选，深入挖掘一批具有典型示范意义的优秀老教师的教育教学成就和成长历程，形成若干经典研究案例，为后世提供经久性的学习教材。第四，在研究过程中，探索代际传承与文化传播的有效方法、策略与路径，为促进新时代教师代际传承与文化传播提供经验借鉴。

由此，我们将研究对象，聚焦为建国以后成长起来，并且在2000年前后相继退休的首都优秀教师群体。之所以选择他们，是因为这些教师是伴随共和国诞生和改革开放两个历史阶段成长起来的，他们的成长与经历具有深深的时代烙印，他们所取得的成绩和所达到的高度，也是后人需要仰望的，而且他们显示出的不是个别人的优秀，而是一种群体的优秀。

我们的主要研究任务有两个，分别是挖掘与传播。但就研究目的而言，挖掘与传播的目的还是为了更好地传承，由此生成三个研究内容：优秀老教师群体风貌与历史文化的特征研究；优秀教师群体代际文化传承与传播的特点研究；新时代优秀教师代际传承与文化传播的机制研究。这三个研究彼此相辅相成，具有内在的关联性与递进性。

在三个内容研究中，优秀老教师群体的风貌与文化特征研究具有奠基作用，其研究成果对于文化传承与传播具有内容的指向性，且作为一种历史文化的内涵与表征，其研究的内容极其丰富，包括教师文化的内涵、类型及表征研究，教师历史文化与历史文化的关系研究、优秀教师群体文化特征研究、退休老教师群体文化研究等。因此，优秀老教师群体风貌与历史文化特征研究是本课题研究的重点。但在这一内容的研究中，更加关注从个性中提取群体共性文化特征，以便更有效地推广优秀的教师文化。

此外，在优秀教师群体代际文化传承与传播特点的研究中，重点研究几代教师间的代际传承内涵与方式，揭示变与不变的内涵，进而为教师代际的持续传承奠定基础。

在新时代优秀教师代际传承与文化传播的机制研究中，重点研究在全媒体时代，历史文化传播呈现"多元化的传播主体共同参与，传播过程中历史文化内涵的当代性转化，历史文化传播的消费生态图谱逐渐形成"等特点的情况下，教师历史文化传播的路径与载体，进而实现由仰望到走进，由历史到现实

的实践转化。

由于这一研究具有交叉学科特征,会涉及历史学考证、口述史、社会学田野、质性研究案例分析、教育叙事探究等多种研究方法的综合运用,在研究的过程中也会面临很多困难和研究挑战,如研究组织方面比较复杂立体,涉及大学研究者与区教研部门、学校及教研组之间的关系建立与协调,不同对象、不同区域、不同境遇与研究方案的动态调整与灵活实施等。同时,一线教师研究者和大学师范生研究者研究基础参差不齐,需要不断地在做中学、研中做。为此,我们采取了以下研究策略。

从研究过程来看,采取"先易后难,先外后内,先个体再群体,先个性再共性"的策略,即先从外围简单研究入手,对优秀老教师的成长历程、风采特色、社会贡献、影响进行归纳提炼,然后再深入进行内在的精神实质挖掘以及背后复杂要素的分析。研究对象也可从一人的整体探究再到多人的共性、主题研究,进而形成稳步扎实的研究过程,保证研究质量,同时实现在过程中传承,在过程中发展,促进研究团队不断成长的目的。

从研究的内容来说,首先研究"是什么"的问题,即全面梳理优秀老教师的成长发展历程、教育风采特色、风格、为社会所做出的教育贡献与产生的影响等;其次,研究"为什么"的问题,即揭示优秀老教师之所以优秀的背后原因,可从静态要素和动态过程两个维度加以揭示,背后深层因素从教师自身和社会外部环境两个方面加以分析。由此形成四个方面的研究维度与分析框架。教师自身因素主要从教师文化内涵构成的角度加以深入分析,主要由教师理想、信念、观念、习惯、情怀、风格等方面加以研究。外部因素主要从时代背景、重要的人与事件等方面加以研究。第三是"怎么做"的问题。本研究的最终目的在于后人的传承,也就是后人如何学习,以及优秀老教师的经验如何进行有效社会传播的问题。研究主要采取行动研究的方式,通过项目团队构建的多元平台,探索传承老教师精神、推广老教师经验的路径与机制。

从研究视角来说,包括以下三个方面:从社会学的视角,将优秀老教师视为一个特殊的历史文化群体;从教师社会角色的文化表征与内涵的角度,挖掘优秀历史老教师的群体特征,形成文化传承与传播的对象与内容成果;从历史学视角，研究时代背景、社会变革对教师发展以及文化形成的影响，代际差异与代际传承的特点，以及在新时代的挑战，形成文化传承与传播的策略性成果。从社会传播学视角，主要研究教师文化开展社会传播的特殊性，有效传播的载体与途径，形成文化传承与传播的机制性成果，以进一步扩大优秀老教师资源的社会历史效益。

从研究机制来说，我们组建了以首都师范大学为主体，协同北京师范大学、北京教育学院、北京市区教研员、各区名师特级工作室主持人及学员、优秀老教师所在学校教研组，以及首都师范大学教育硕士和优秀本科生组成的多个联合研究团队，针对重要知情人进行了多次访谈，搜集了大量一手资料，召开了多次线上会议和论坛，并取得了丰富的先期研究成果，取得了强烈的社会反响并获得各界大力支持。

为了进一步推进"首都优秀中学历史老教师研究"课题的深入开展，向老教师致敬和学习，课题组特组织编写《首都优秀中学历史老教师研究丛书》。该丛书的编写，可以说是众志成城，群言叙事，群体杰作。

参与研究的不仅有各区各校年轻的生机勃勃的研究团队，更有德高望重的老历史教育工作者。他们是首都师范大学的于友西教授、叶小兵教授；北京师范大学的孙恭恂教授；清华大学附属中学的颜家珍老师、北京市第十二中学的李秉国老师、北京市第三中学的朱尔澄老师、北京市第四中学的李明赞老师、北京市通州区潞河中学的贾长宽老师、北京市顺义区第一中学的王淑清老师、北京市海淀区实验学校的王烈遗老师，以及退居二线的市、区老教研员李淑敏老师、孟广恒老师、王绍文老师、张桂芳老师、张静老师、齐渝华老师、孙楠老师、王红老师等。他们虽白发苍苍却精神奕奕，为我们的研究注入了强大的精神动力和宝贵的历史财富。

对历史的尊重就是对我们教师自己的尊重。从各位老教师的话语中，我们深深感受到了他们的教育情怀和对后辈的殷殷期望。站在新时代的历史节点，我们开展这一研究，组织这一丛书的出版，不仅使青年教师收获了向前发展的内生动力，更为历史教育的发展指明了方向。

总之，通过这一研究，我们试图梳理历史文化资源，挖掘精神思想财富，

探寻首都历史教育之魂；树立优秀群体形象，提炼历史文化特征，坚守首都历史教育之本；凝聚锻炼骨干团队，实现文化代际传承，培育首都历史教育之根。这三个目标都十分远大，不易做到，但是，这是历史的使命，也是时代的召唤。我们虽能力有限，但又义不容辞。我们也希望通过在仰望与走进的研究过程中，获得自身的滋养与传承的动能，将历史的接力永续传递，将首都优秀教师文化的星火遍撒燎原。

杨朝晖　王海燕

2022年7月22日

前言

其华灼灼，弦歌不辍

在首都中学历史教育的讲坛上，数十年来，名师辈出，各领风骚，光彩照人。然而，时光如梭，他们正在日渐老去，岁月不待人，如何及时书写下他们的历程，记录下他们的风华，传承下他们的精神？2020年，首都师范大学（以下简称首师大）教师教育学院的杨朝晖教授发起了一项非常有意义的课题研究：《仰望与走进——北京优秀历史老教师研究》。课题旨在通过对一批首都优秀历史老教师的研究，探寻首都历史教育之魂，坚守首都历史教育之本，涵养首都历史教育之根。我们潞河中学的贾长宽老师便在被研究之列。

贾长宽老师是北京市通州区首位历史特级教师、教育部"全国模范教师"、北京市"紫禁杯"优秀班主任，多年担任历史教研室主任、年级主任，发表了多篇论文，专著有《多元一体的中华民族》《老通州洋人那些事》等。在执教的35年中，他孜孜以求、全身心投入教学工作，不仅为学校历史学科建设做出了突出贡献，也推动、引领着通州区历史教育的发展，在首都历史教育界占有一席之地。2017年正式退休后，贾老师潜心研究大运河文化，担任通州区政协特邀文史委员、北京城市副中心地名规划特邀评审专家、大运河研究会理事。

以潞河中学历史教研室为主体的贾长宽老师分课题研究团队，在两年的时间里，围绕着贾老师的教育生涯、教学案例、教育思想进行访谈、研讨，积极申请北京市课题，并付梓成书。

我们之所以采用"专业情意"的研究视角和"叙事研究"方法，是源于以下认识。

关于专业情意。美国当代心理学家布卢姆将"情意"定义为："除了认知领域和动作领域外，与道德情感相关联的一些变量，如兴趣、动机、态度、情感、意志、价值观等。"有研究表明：教师的专业情意，是直接影响教师工作积极性的主要内驱力。专业情意越高，专业发展的能力就越强，专业参与和表现就越好。

关于叙事研究。20世纪90年代以来，叙事研究作为一种研究方法和思维方式在国内外教育研究中受到广泛关注。教师叙事研究就是教师将教育生活中的某些具体事件，用记叙、描写和议论等写作方式合情合理地表达出来，能够真实、具体地展示被记录者和记录者的教育思想、教育能力和教育情怀。叙事研究不仅仅是教育生活中的"说故事"，目的不仅在于告知读者何时何地发生了何事，更在于用叙事"再现"特定的教育情境，为教育工作者提供观察、思考与探究的典型样本。

本书试图以"专业情意"的"叙事研究"，梳理贾长宽老师执教生涯的自然发展过程、呈现其独特的教育风采、挖掘其背后的教育思想与智慧、探究推助其发展的主、客观因素等，以便透过对这一个案的剖析，管中窥豹、追因溯果，给予后辈历史教师乃至教界同仁以成长的启示，助力他们塑造主体精神，最终实现专业发展。

专业情意在贾老师的身上体现尤为明显。贾老师常说："仁者爱人，育人为乐。身为人民教师，我应该做的就是认认真真地教书，踏踏实实地育人，努力做好自己的本职工作，仅此而已。"

贾老师可能称不上教育家，没有什么丰功伟绩，也没有更多光鲜亮丽的名号，他只是芸芸教师队伍中的普通一员。但是，历经两年的访谈、交流与体悟，贾老师身上对历史教学的热爱、凡事倾力投入努力做到最好的追求、对教育事业坚定的信念与无私的奉献等，都给我们整个研究团队留下了深刻的印象，在逐步走进这位可敬师长的生活世界与精神世界的过程中，我们对他有了更多、更深的了解与认识。

乐业——唯有热爱，才能化平庸为精彩

潞河中学的副校长祁京生曾经用"痴迷"一词形容贾长宽老师对教育教学的热爱与投入。

2022年4月15日，贾老师应邀为首师大历史学院的本科生和研究生做《话说大运河漂来的北京城——〈潞河督运图〉赏析考证》专题线上讲座。3个多小时的讲座，贾老师热情洋溢、旁征博引、侃侃而谈，一时间吸粉无数，收到近百名学生的热情留言。这些与贾老师初次相识的学子，几乎都隔着屏幕深刻感受到了贾老师对大运河、对教育事业的热爱，纷纷表示要发自内心地好好热爱自己的专业。"我感悟到贾老师对自己职业的热爱是很深沉的，而这种热爱能让讲述更加打动人心、更加引人入胜。""通过这次讲座，让我看到一直保持着教学热情的老师是什么样的，我们需要向贾老师学习，学习老师对学生、对教育的热爱，对教育的付出和专注。以后我一定会将贾老师作为榜样，时刻勉励自己，不断进步！"

数十年的教育生涯，贾老师爱学生、爱历史、爱潞河、爱教育事业。因为热爱，可以化平庸为精彩；因为热爱，可抵岁月漫长；因为热爱，所有的坚持和努力才会有意义，所有平淡的日子才会变得美好可期。知之不如好之，好之不如乐之。乐之，是乐趣，是生命的幸福感体验，是一种理性认知和感性认同叠加起来之后达到的人生极致！

如果说每个人都拥有一座叫作"潜能"的金矿，"热爱"便是那把打开金矿的钥匙。一个人，找到你所热爱的事，沉浸其中，享受时间里的每一刻，就是对生命最好的珍重和回馈。

敬业——唯有责任，才能有担当与作为

列夫·托尔斯泰说："一个人若是没有热情，他将一事无成，而热情的基点正是责任心。"

听了贾长宽老师的讲座后，有学生写道："讲座内容之丰富，用心、用情之深，都非常令人敬佩和感动。大运河历史悠久，承载了从古至今无数人的生活

与情怀，贾老师以大运河为切入点，展现出了北京的城市发展；在挖掘大运河的历史与情怀的过程中，我们也看到了贾老师作为一名历史教师对于传承历史，保护历史文化的责任感和使命感，不管是挖掘历史内涵的严谨性还是对历史传承的敬畏都值得我敬佩和学习。"

贾老师说，我们要不忘"初心"。"初心"就是纯真的童心，就是中国人原本就有的善良之心。回想自己1983年到潞河中学，当时的想法就是教书育人。教师的良心，最基本的表现就是一定要把课上好。老艺术家讲，"戏比天大"；那么，作为一名教师，就是"课比天大"，因为老师的"课"关系到每一位学生的前途，关系到每一位学生将来的发展。我们教师，已经是，或即将是孩子的父母，将心比心，所以，为了学生的前途，秉持自己的良心，一定要把课上好。

正是基于这样的责任心，贾老师把"唯物史观"的素养落实到了每一节课中，把"天下兴亡，匹夫有责"践行在了自己的一言一行中，把"立德树人"的教育宗旨贯彻在了自己的教育生涯中，润物无声。不论是做一名普通教师、年级主任或教研主任，还是退休后承担的一系列社会工作，贾老师都恪尽职守，任劳任怨，认真完成每一个任务，努力把每一件事情做得完美，至今仍然在为大运河及北京城的遗址保护建言献策，奔走宣传。

精业——唯有匠心，才能辽阔以致远

当今的中国特别提倡"工匠精神"。"工匠精神"的基本内涵包含执着专注、精益求精、一丝不苟、勇于创新、追求卓越等内容，"工匠精神"代表着一种情怀、一种执着、一份坚守、一份责任。它是一种职业精神，是职业道德、职业能力、职业品质的体现，是从业者的一种职业价值取向和行为表现。

通过对贾长宽老师专业情意的研究，我们发现，他对教育的追求是孜孜不倦的，教育目标也是十分明确的。其实，许多教师都有自己对教育的看法和追求，然而俯下身钻研探究的却不多，而贾老师之所以能成为一名优秀教师，靠的就是躬身实践、不断坚持，"四步导学模式"就是这种坚持和探究的表现。

听了大运河讲座的首师大学生说："贾老师的细致让我印象深刻，在出示的各种图片中，我都看到了类似'长宽截图加注''长宽注'等标识，这些细节足以说明贾老师为了这节课所做的努力。每一个细节都体现出贾老师的用心，犹如一场盛宴，让人回味无穷。"

砧上流金熔岁月，水中淬火注精神。这种精神值得我们后辈学习。师者的魅力大概就是用生命在每一个平凡的日子里起舞，在平凡的教学工作中演绎着属于自己的不平凡。

仰望，走进，我们在思索，是否应该在自己的职业生涯中，多一些精益求精，少一些模棱两可；多一些专注持久，少一些投机取巧；多一些脚踏实地，少一些急功近利。如切如磋，如琢如磨，择一事终一生，汲取前辈的教育智慧，走好我们每一个人的教育之路。

从贾老师的个案中，我们看到的是一位普通教师如何在平凡的工作中书写不平凡的事迹。也正基于此，给同样普通又平凡的我们，特别是青年教师，以更多的思考、更多的启发，让我们不仅可以去仰望，更可以去效仿、去超越。只要我们有理想、有目标，有方法、有行动，有思路、有创新，有毅力、有信心，"苔花如米小，也学牡丹开"，假以时日，每个人都会塑造一个远超想象的自己。

传承——潞河精神，弦歌不辍

在近两年的访谈活动中，我们不仅走进了贾长宽老师的教学生涯，还通过贾老师、张启凤老师、张世义校长、张洪志副校长的介绍，了解了更多潞河中学优秀的前辈历史教师。张继辉老师豁达博学，谦逊儒雅，关爱晚辈；耿宝珍老师爱国爱党，50多岁还在申请加入中国共产党，以校为家，痴迷教学。前辈们的事迹都是那么鲜活，那么感人，那么充满魅力。

提及这些前辈，贾老师曾经在2003年动容地写道："教师是学生增长知识和思想进步的导师，他的一言一行，都会对学生产生影响，一定要在思想政治上、道德品质上、学识学风上，全面以身作则，自觉率先垂范，这样才能为人师表。我校的老教师，忠诚党的教育事业，默默耕耘、无私奉献，以自己高尚的职业道德教育学生、影响社会，堪称师表。潞河老教师给学校留下来的就是一种氛围、一种精神。以教为乐，以校为荣，毫无杂念，发自肺腑，淡泊名利。"

贾老师曾深情写诗赞云："先生热血铸忠诚，潞河师魂晚辈承。老校春秋前辈写，再造辉煌看后生！"

正是这些老教师知无不言、言无不尽的业务上的教诲和生活上的帮助，还有他们对教育的执着热爱以及一丝不苟的认真态度，甘于奉献、不计得失的精神，影响着贾老师形成了关心学生和献身教育事业的至上责任感。

岁月荏苒，潞河中学走过了一个个春夏秋冬，历经了一次次教学改革。在新课改大潮面前，优秀的老教师们执教的经历与经验，为历史教研室同仁探索创新、改善教育教学工作提供了丰富的素材与深刻的启示。

自强精神、"人格教育""一切为了祖国"正是潞河中学百年老校古树新枝，生生不息的内在之魂与不竭动力。这自强精神、这优良传统还会代代相传，创造潞河更加美好的明天。

两年来的研究，也使我们仿佛走进宝藏，收获良多，越做越觉得这是一件特别有意义、特别值得做的事情。

仰望，走进，我们希望通过这本书，还原一段历史，探寻一份传承，涵育一种精神。

梁然

2022年4月于潞河中学

C目录
CONTENTS

第一章

点滴回望：贾长宽老师的发展历程

第一章

点滴回望：贾长宽老师的发展历程

贾长宽老师出生于1956年10月，1983年，从北京师范大学历史系本科毕业后，来到百年名校——北京市通州区潞河中学工作，担任历史教师。贾老师是通州区首位历史特级教师、教育部全国模范教师、北京市"紫禁杯"优秀班主任，多年担任历史教研室主任、年级主任。在执教的35年中，他始终孜孜以求、全身心投入教学工作，不仅为学校历史学科建设做出了突出贡献，也推动引领着通州区历史教育的发展，在首都历史教育界有着重要地位。贾老师教学生涯中一共带过14届高三毕业班，多次代表学校承担市级研究课、示范课的任务；教学中提出"四步导学法"；编写过岳麓版高中历史教材《两极对峙格局的形成》《苏联的经济改革》《跨世纪的世界格局》3课；对校本课程"大运河文化"和"民族团结教育问题"卓有研究，编写出版了《多元一体的中华民族》、校本教材《大运河文化珍闻录——让世界认识通州》和《新疆古今人物传奇》等专著；担任过首都师范大学研究生实践导师、北京师范大学名师培养工程项目指导专家。

2017年正式退休后，贾老师仍发挥着光与热，担任通州区政协特邀文史委员、北京城市副中心地名规划特邀评审专家、大运河文化研究会理事，参加了《大始通州》的编委工作，在《通州文史》发表多篇论文，曾被北京电视台《记忆》栏目邀请做《三庙一塔——解密运河通州的历史符号》节目，至今仍致力于北京城市副中心的文化建设。

《中国教育报》的记者是这样描述贾老师的教学风采的："他的历史课堂，就像一片浩瀚无际的大海，时而引领学生们感受着从远古吹来的海风，时

1991年，大学毕业的梁然老师回到了母校工作，和贾老师由昔日的师生变成了同事、师徒。梁老师回忆道："那时候学校还没有特别规范、系统的'师徒结对子'项目，但因为高中的师生经历并恰好赶上多次教同一个年级，贾老师就成了我的教学指导教师。像多年前耿宝珍老师把贾老师领进了历史教研室一样，我也被贾老师引领进来。在我初入教坛的时候，正是贾老师教育教学成绩频出之际，我能够近距离感受着榜样的引领，一节课一节课地听课说课，如何把握重难点、如何提升教学立意，亦步亦趋有样学样，竟也慢慢地有所领悟，奠定了自己较扎实的职业基础。"

这一阶段是贾老师走向成熟、锋芒毕露的10年，由"新手"到"能手"，教育教学屡创佳绩，教学特色日益彰显；也是贾老师发挥辐射引领作用，指导年轻教师逐渐入轨的10年。

五、积淀——少壮工夫老始成

自我更新阶段，也就是老教师阶段。

进入到职业生涯的中后期，既需要继续完善积淀，也需要不断突破自我。

自我更新取向的教师专业发展，是指"教师具有较强的自我专业发展意识和动力，自觉承担专业发展的主要责任，激励自我更新，通过自我反思、自我专业结构剖析、自我专业发展设计与计划的拟订、自我专业发展计划实施和自我专业发展方向调控等实现自我专业发展和自我更新的目的"[1]。这一阶段，教师是以专业发展为指向的。自20世纪90年代末以来，我国面向21世纪的现代化课程体系向纵深发展。[2]在这样深刻的教育改革背景下，贾长宽老师逐渐从教学能手向研究型教师转变，无论在学校德育管理、课程建设，还是教育教学研究水平上都迈上一个新阶梯，在各个研究领域成绩斐然。

在学生德育研究上，进入这一阶段的贾老师将关注重点从"三大育人法则"向学生人格研究转变。1998年，贾老师参加整体构建学校德育体系的研

---

[1] 叶澜、白益民：《教师角色与教师发展新探》，教育科学出版社，2001，第268页。

[2] 1999年至今，尤其是2014年教育部在《关于全面深化课程改革落实立德树人根本任务的意见》中提出"核心素养体系"。

究与实验课题组,组织潞河中学高二年级学生进行人格评价。1999年,撰写《普通高中学生人格评价研究实践》一文,获全国教育科学"九五"国家级重点课题"整体构建学校德育体系"学术研讨会一等奖。2004年4月,中央教科所的领导和专家、全国100多所实验学校的教师、通州区教委的领导总计150人到潞河中学参加了"十五"国家级重点课题"创造美好校园生活,促进学生全面发展——潞河中学《整体构建学校德育体系》"系列活动。在这次活动中,贾老师组织的"通州运河文化考察汇报",赢得与会各界同仁的好评,称这次考察"是通过研究性学习选修课,整体构建学校德育体系的新途径",学生的考察成果是"一大亮点,令人折服"。贾老师通过组织与参与众多课题研究,在教育学生方面不再是"采用何种方法培养学生",而是转变为"为学生采用何种方法"。

在历史教学研究上,2003年,受中国社会科学院吴伟教授之聘,贾老师参加了岳麓版高中历史新教材的编写工作,独立编写了《两极对峙格局的形成》《跨世纪的世界格局》和《苏联的经济改革》这3课的内容。2004年,他主讲北京历史教学研究会大会观摩课一节;撰写《通州运河文化考察成果报告》一文,获北京历史教学研究会年会论文评比一等奖。2004年,被潞河中学学生以最多票数评选为"爱生标兵"。同年,被评为通州区爱生标兵、通州区首批学科教学带头人和北京市中学学科教学带头人。2005年,在"青春祖国行——2005京港澳中学生专列"上,通过广播和视频走入车厢,为800名港澳学生讲解《历史悠久的国都北京》和京九线沿途历史,接受《北京青年报》《中国教育报》和中国教育电视台等媒体记者的采访,获得高度好评。2005年,他撰写的《培养创新精神与实践能力的尝试》一文,获中国教育学会历史教学专业委员会论文评比一等奖。2006年,作为北京市市级历史骨干教师的培训教师,主讲研究课《新文化运动》,北京市历史骨干教师100余人听课;2006年,荣获北京市优秀教师称号。2007年,为北京市历史新课程教师培训准备教学课例,讲录像课——岳麓版教材历史必修(Ⅰ)《国共合作抗日》;同年,荣获教育部全国模范教师称号。2008年,继续进行"新课程背景下高中历史导学策略"的研究与实践,撰写论文《"国共合作抗日"教学实录与反思》,

在《中学历史教学参考》上发表。在这一阶段中，贾老师的教学目光从教室转移到生活世界，无论是编写教材、校外讲解还是课程研究，贾老师都跳出了教材教学的"围栏"，在不同的活动中，不断更新着教育认识，不断激励自我，促进了自身全新的发展。

在教学技术研究上，随着科学技术的发展，教育也注重对科学技术进行应用。为了与时俱进，贾老师着手录制光盘、编写电子教材等活动。2001年4月，贾老师做"北京市现代教育技术环境下'双主模式'研究课题公开课"——《世界反法西斯战争的转折和胜利》，受到北京市电教馆领导、专家教授和听课教师的好评，听课人数近400人；2001年11月，在北京市中学历史教学改革成果展评活动中，其论文《组织学生编辑历史电子教材的尝试》荣获一等奖；2003年"非典"期间，贾老师录制《高考"3+X"历史科综合复习》讲座光盘，在通州区发行。

2012年10月，贾老师应邀参加山东省高中协会组织的现代信息技术与学科教学整合研讨会，在曲阜师大附中讲观摩课《新文化运动的兴起》，受到与会领导和教师的好评，这是贾老师教学生涯的又一个高光时刻。事后他撰写了论文《引导学生树立"三个自信"的实践与思考》。在论文中他写道："引导学生逐步树立中国特色社会主义的道路自信、理论自信、制度自信，是高中历史教学不应忽视的教学目标。厘清中国为什么选择了马克思主义，对于树立'三个自信'至关重要。采用师生互动、问题探究、建构知识结构的方式，是历史教学引导学生树立'三个自信'的可行有效的途径……在探究中学习历史，不仅可以培养历史思维能力，而且会开阔视野，激发民族自豪感，更深刻地体会中华民族多元一体、无与伦比的民族凝聚力；更深刻地理解社会主义核心价值观是马克思主义与中国优秀传统文化及现代化建设相结合的产物；只有建立起道路自信、理论自信和制度自信，才能在大是大非面前，清醒辨别和自觉抵制'三股势力'的各种错误观念，才能使各族人民最大限度地达成一致的社会理想、一致的生活愿景和一致的奋斗目标，最终达到团结一致、共同前进。"这堂课呼应党的十八大提出的三个自信，体现了作为老教师在政治站位、家国情怀上的新境界，润物细无声，却涵养在课堂之中。后来，在中国共产党成立95周年之际，党中央又提出

四个自信，即中国特色社会主义道路自信、理论自信、制度自信、文化自信。

在乡土历史研究和校本课程开发上，进入这一阶段的贾老师，受家国情怀、学校教育教学实际和自身教育信念等诸多因素的影响，教学内容从古代史、近代史、现代史转向乡土资源的开发利用上。这既是贾老师关于教学内容的更新，更是对自我教育身份的新定位，从"教"向"创"的转变。2002年，贾老师在高二开设历史研究性学习选修课——《大运河文化珍闻录——让世界认识通州》；2002年6月，成功组织了运河文化考察和通州运河文化考察成果汇报系列主题班会，受到学校领导和教师的高度评价，这些资料也已经编成历史校本教材。2008年，贾老师组织了通州运河文化考察小组，完成考察报告2万多字，题目是《千年古城八景的文化内涵》，出版近10万字的校本教材《大运河文化珍闻录——让世界认识通州》。2009年后，对历史学科如何渗透民族教育这一课题进行了初步探讨，初步成果以校本课和"潞河讲坛"系列讲座形式呈现，整理后编著成《多元一体的中华民族》一书，20余万字，2010年由民族出版社出版发行。

这20年是贾老师硕果累累、辉煌耀眼地向"学者型教师"转变的阶段。在这一时期，贾老师的唯物史观信念更加坚定，独特的教学风格日益突出，研究型教师的形象不断完善，在通州乃至北京市的影响力也日益彰显。2004年，贾老师被评为北京市中学市级学科教学带头人；2006年，获得北京市优秀教师称号；2009年，被授予北京市特级教师的称号，成为通州区首位历史特级教师。

2017年，贾老师结束了1年返聘，正式退休。虽然不再从事一线的历史教学工作，但多年来对历史的热爱，让他并没有选择含饴弄孙、尽享天伦之乐，而是开始了自己喜欢的自由研究历史的生活。通州区政协特邀贾老师为文史委员，参与《大始通州》编委工作，贾老师在此过程中发表了《解读通州大运河畔的大汉古城》《潮白河畔的千年古村》等多篇论文；参与通州城市副中心道路命名工作；作为首师大特聘教师承担本科生研究生讲座；为潞河中学全国新疆内地高中班举办讲座等。莫道桑榆晚，为霞尚满天，贾老师又以一种崭新的面貌，继续发挥着光和热。

第二章

匠心独运：贾长宽老师的教育特色

匠心独运：贾长宽老师的教育特色

　　教学活动有共性的规律，一线教师提高自己的专业素质，要按照教学规律办事。而教学活动的实际操作又因人而异，所以教育特色是教师既遵循教育教学规律，又结合自己所长以及学生的实际情况，在长期教学实践中逐步形成的富有成效的教学理念、教学方法、教学语言和教学底蕴，是教学工作个性化的稳定状态的标志。

　　现阶段，教师教育特色的研究主要集中于教学特色的内涵、培养和作用等方面。徐建军、王曼认为创造性的思维是教师教学特色形成的基础，宏观的设计和及时的调整是形成教学特色的保障，而个性化的语言是教学特色的载体。[①]曹桂英认为具备先进的教学理念是教师形成教学特色，丰富知识结构和提高专业素养的重要条件。[②]吴欣歆以一位教师个案为例，对该教师的教学特色的形成进行了提炼，并发展了教学特色提炼的理论框架。[③]

　　在首都中学历史教学中，涌现出了一大批独具特色的历史教师。例如，宋毓贞老师独创五个教学环节，时宗本老师"上知天文下知地理"，陈毓秀老师讲课春风化雨、跌宕起伏，李秉国老师创设图示教学法，颜家珍老师将教学搬入圆明园，朱尔澄老师使每位学生都"成为自己的历史学家"。

　　贾长宽老师躬耕教坛30余年，在教育教学中有着自己独到的见解、独特的

---

① 徐建军、王曼：《谈谈如何形成自己的教学特色》，《中小学教师培训》2003年第03期。

② 曹桂英：《形成自己的教学特色》，《新课程（综合版）》2011年第10期。

③ 吴欣歆：《自我迷失与重新定位：一位高中语文骨干教师的教学特色提炼》，《课程·教材·教法》2012年第12期。

风格、独门的特色。他的课堂有理、有趣、有情，令人难忘。让我们继续走近贾老师，对他的教育教学特色一探究竟。

一、铸魂——唯物史观贯始终

马克思主义原典中写道："我所得到的并且一经得到就用于指导我的工作的总的结果，可以简要表述如下：人们在自己生活的社会生产中发生一定的、必然的、不以他们的意志为转移的关系，即同他们的物质生产力的一定发展阶段相适合的生产关系。这些生产关系的总和构成社会的经济结构，既有法律和政治的上层建筑竖立其上并有一定的社会意识形式与之相适应的现实基础。物质生活的生产方式制约着整个社会生活、政治生活和精神生活的过程。不是人们的意识决定人们的存在，相反，是人们的社会存在决定人们的意识。"[①]这是马克思对唯物史观的经典阐述。

《普通高中历史课程标准》中指出："唯物史观是揭示人类社会历史客观基础及发展规律的科学的历史观和方法论。人类对历史的认识是由表及里、逐渐深化的，要透过历史的纷杂表象认识历史的本质，科学的历史观和方法论是非常重要的。唯物史观使历史成为一门科学，只有运用唯物史观的立场、观点和方法，才能对历史有全面、客观的认识。"[②]

基于此，作为历史教师，一定要本着立德树人的教育理念，坚持唯物史观的人民立场视角进行历史讲授。这也是贾老师教育特色的突出体现。

（一）唯物史观之认识

贾长宽老师认为，想要正确地理解唯物史观的概念，必须梳理唯物史观的发展历程以及马克思、恩格斯思想本土化过程中重要学者的表述。

贾老师对唯物史观发展史的梳理主要分为以下几个阶段："1845年（道光二十五年），马克思被法国政府驱逐出境，举家迁往比利时首都布鲁塞尔。

---

① 马克思、恩格斯：《马克思恩格斯全集》第31卷，中共中央马克思恩格斯列宁斯大林著作编译局，人民出版社，1998，第412-413页。
② 《普通高中历史课程标准（2017年版2020年修订）》，2020，第4页。

此后，马克思与恩格斯合写了《德意志意识形态》，第一次比较系统地论述了唯物史观，标志着唯物史观的创立和马克思主义哲学的形成。恩格斯说，这是马克思的第一个伟大发现，它与剩余价值理论一起使社会主义从空想变为科学。1848年（道光二十八年），马克思与恩格斯合写的《共产党宣言》发表，全文贯穿唯物史观的基本原理，是马克思主义诞生的重要标志。"

对于重要的观点表述，贾老师印象比较深的有：1883年（光绪九年），恩格斯在《在马克思墓前的讲话》中指出："正像达尔文发现有机界的发展规律一样，马克思发现了人类历史的发展规律，即历来为繁芜丛杂的意识形态所掩盖着的一个简单事实：人们首先必须吃、喝、住、穿，然后才能从事政治、科学、艺术、宗教等；所以，直接的物质的生活资料的生产，从而成为一个民族或一个时代的一定的经济发展阶段，便构成基础（经济是基础），人们的国家设施、法的观点、艺术以至宗教观念（政治上层建筑、意识形态），就是从这个基础上发展起来的，因而，也必须由这个基础来解释。"还有北大哲学系教授丰子义的阐释："实践观是马克思主义哲学的核心观点（实践、生产劳动、撸起袖子加油干）。"人大哲学系教授肖前指出："实践观点是马克思主义哲学首要的基本的观点""而且是世界观的首要的基本的观点""只有把握科学的实践观，才能真正把握马克思主义哲学的唯物和辩证的特性，贯彻实事求是的思想路线"。

按照《共产党宣言》设想的理想社会是这些"自由人"真正摆脱了人身依附，在政治上完全平等，是生产资料的共同所有者，能以自由劳动者的身份按照合理计划自觉联合起来从事劳动，进而形成以"每个人的自由发展是一切人的自由发展的条件"的"自由人的联合体"。

马克思还指出："每个人的自由发展，人与自然和谐发展的真正实现只能伴之以人与人社会关系的根本改变。"①马克思明确说："这种共产主义，作为完成了的自然主义，等于人道主义，而作为完成了的人道主义，等于自然主义。""马克思恩格斯设想的未来的共产主义理想社会，不仅是一个物

---

① 潘岳：《马克思主义生态观与生态文明》，《中国生态文明》2015年第3期。

质生产力高度发展和社会公正的社会，还是一个充分尊重自然规律的生态文明社会。"①

在此基础上，贾老师形成了对唯物史观概念的认识，即"唯物史观就是人民立场的辩证的历史唯物主义。它是马克思主义哲学的最重要组成部分，是科学的世界观，也是认识世界、改造社会、建设理想社会的方法论"②。

从对唯物史观与其他核心素养的阐释来看，他认为唯物史观是高中历史核心素养得以达成的理论保证，即"统领"。其中，"时空观念"是历史学科本质的体现，也是唯物史观的本质要求；具体问题具体分析是马克思主义"活的灵魂"，是正确认识事物的前提。"史料实证"是用可信的史料，重现历史真实的态度与方法。"历史解释"是以史料为依据，对历史事物进行理性分析和客观评判的态度、能力与方法。"史料实证""历史解释"，用毛泽东主席的话说，就是"实事求是"，"实事"即根据实证，"求是"即求索真相。1941年，毛主席讲："实事"是客观存在着的一切事物；"是"是客观事物的内部联系，即规律性；"求"就是我们去研究。此后，"实事求是"被确定为中共中央党校的校训。"实事求是"，是中国化的马克思主义——毛泽东思想的精髓。

贾老师在一次讲座中提到，在历史上，"实事求是"是位于湖南长沙湘江西岸岳麓书院的校训。书院的山长张栻与朱熹、吕祖谦合称"东南三贤"。张栻撰《岳麓书院记》的目的不是为了提高自身名誉，也不是为了追名逐利，更不是为了著书立说，而是真心从学生角度出发，为了提升学子的学术能力及品德，为社会和国家培养人才。这些思想奠定了岳麓书院的"经世致用、实事求是"的办学方针，他的大批弟子也都毕生践行了"传道济民"的坚定信念。③

基于此，贾老师认为，只有理论上的科学，才能保证政治立场的坚定。在贾老师看来，坚持唯物史观的立场，即坚持为人民服务的立场而不是为某个人私利服务，与坚持唯物史观的观点、方法是历史核心诸素养，特别是"家国情

---

① 潘岳：《马克思主义生态观与生态文明》，《中国生态文明》2015年第3期。
② 2021年4月30日，贾长宽《唯物史观与高中历史教学》线上讲座。
③ 周志茹：《实事求是的历史之脉》https://wenku.baidu.com/view/90c629fa846fb84ae45c3b3567ec102de3bddff0.html，访问日期：2022年5月17日。

怀"得以实现的保证。

贾老师关于高考题对唯物史观的考察也做了系统研究。

他认为,从2020年高考题目来看,这是北京市普通高中学业水平等级性考试的第一年,历史试题突出唯物史观和社会主义核心价值观,坚持正面的价值导向。如材料问答题第17题"从战歌到国歌",通过叙述从战歌到国歌的演变过程,体现了近代以来中国人民的奋斗历程,弘扬了革命文化。

特别突出的是材料问答题第18题,全题如下:

"近代工厂之父"阿克莱特 (12分)

材料一 英国传统纺织业以毛纺织为主。17世纪,印度棉织品和印花织物大量流入,引起了毛纺织业者的不满和骚乱。英国议会在1700—1721年间颁布多项法令,禁止进口和使用印花棉布。兰开夏毗邻重要的贸易港口利物浦,当地技术工人在市场需求的刺激下,首先仿造印度棉织品。1735年,议会颁布法令将棉麻混合织物排除在禁令外。此后,兰开夏棉纺织业迅速发展起来。19世纪,兰开夏成为英国棉纺织业中心。

材料二 1732年,阿克莱特出生于兰开夏的贫困家庭。他曾是理发师和假发经销商,后来发明了水力纺纱机并于1769年获得专利。1771年,他建立了第一个水力纺纱厂,除女工、童工外,还专门招聘了技术工人。他获得了大量投资,陆续兴建十多个纺纱厂,创制了统一的工厂标准化管理体系。1790年,他引进了瓦特改良的蒸汽机。许多企业家向他购买生产纺纱机的许可权或机器,借鉴其成功经验。阿克莱特还曾受封为爵士,当选过德比郡郡长。

(1)阅读材料一,结合所学,概括兰开夏成为英国棉纺织业中心的条件。

参考答案:英国传统毛纺织业有着长期的技术积累;殖民扩张提供了原料和市场;印度棉织品的传入刺激了英国国内市场;法律的调整有利于棉纺织业的发展。

兰开夏的地理位置有利于获取原料;这里的技术工人首先仿造印度棉织品,为棉纺织业提供了技术基础(英国工业革命、瓦特改良的蒸汽机)。

(2)从"时代与个人"关系的角度,解读阿克莱特的成功之路。

这要从"时代"与"个人成功之路"的关系来论述。

时代造就了阿克莱特的成功，阿克莱特推动了时代发展。

英国光荣革命后政局稳定，竞争和追求财富的氛围推动阿克莱特投身到工业领域。英国正处于工业革命初期，珍妮纺纱机、骡机等带动棉纺织业一系列技术革新，且当时英国政府实行专利保护法，对于专利发明给予支持和法律保护。阿克莱特生逢其会，发明水力纺纱机，并申请了专利，创办了十几个工厂。

英国对外扩张，具有广大市场和丰富的原料，兰开夏棉纺织业发达，经商氛围浓厚，阿克莱特投身到工业生产领域。阿克莱特进行了管理方式的创新，整合动力、技术、资金、企业管理，创办了近代工厂，推动生产组织形式和管理的近代化。

阿克莱特既是发明家又是企业家，是新兴工业资产阶级的代表。他的成功引发广泛的社会反响，其他人纷纷效仿。

贾老师认为，该题体现出生活在第一次工业革命时代英国社会底层的阿克莱特，其摆脱贫困的欲望，努力实践奋斗和勇于创新的精神，是他走向成功重要的主观因素。该题通过考查工业革命时期的历史人物，从时代与人物评价的角度考查了唯物史观主观因素与客观因素、英雄（杰出人物）与群众关系的基本原理。

（二）唯物史观之贯彻

在正确地认识唯物史观的同时，贾长宽老师还努力将其运用到自己的教育教学中。

首先是唯物史观在贾老师历史教学中的运用。

自1949年中华人民共和国成立后，历史教学大纲便将培养学生的唯物史观列于其中，其间历史教学内容发生过数次改变，但贾老师培养学生的唯物史观从未动摇。贾老师始终以唯物史观为指导，让学生在爱国精神、民族精神、时代精神的指引下认识和理解人类的发展历程，从而更好地理解现代中国和当今世界。

无论是"双基"教学阶段、"三维"目标阶段，还是如今的学科核心素养阶段，唯物史观都是贾老师在历史教学中所一直坚守不变的观念。贾老师介绍：

"1984—1987年，带首届毕业班，进行了六环节历史教学法的尝试。第一

环节是指导阅读；第二环节是提问，学生先看书，然后边讲边问；第三环节是精讲重点和难点；第四环节是练习，自己出题，一个单元一个练习；第五环节是讲评；第六环节是学法指导和分类指导。而学法指导和分类指导，就是运用唯物史观进行双基教学。双基就是基本知识（时间、地点、人物、背景、经过、内容）和基本技能。

"2003年，'三维'目标教学开始。'三维'目标教学的难度有点大，要求也比较高，实际上就是按照大学（历史）研究的要求来进行历史教学。2003年，我参加了岳麓版高中历史新教材的编写工作，独立编写《苏联的经济改革》《两极对峙格局的形成》《跨世纪的世界格局》3课。后来听别的老师说，我编的这三课没有别的老师提出意见，有的老师被提的意见很多。因为参与过教材编写，所以对教材有比较深刻的认识。"因为有唯物史观的指导，贾老师所编写的教材内容紧扣课标，更符合历史课程标准的要求。

"现在新课改讲高中历史的核心素养。以教育部统编版中外历史纲要下册的第九单元为例，这一单元有两课，在备课之前需要先按照课标对这一单元的内容进行解读。这一单元课程目标的内容要求比较高，只有借助老师的智慧，学生才能理解课程内容。那教师应如何理解呢？一是时空定位，这一单元讲的是1991年冷战结束后，空间是当代世界、全球和整个人类。唯物史观正好就是解决全人类的事，按照唯物史观来分析，那就正是唯物史观的用武之地啊。学科核心素养提出后，唯物史观在高考试题中的体现非常明显。"

在历史课例中，也可以看到贾老师对唯物史观的坚守。例如，在《新文化运动》一课中，贾老师将教学目标定为："培养学生的爱国精神，引导学生树立中国特色社会主义道路自信、理论自信、制度自信……明白中国为什么

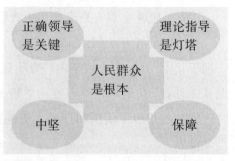

选择了马克思主义作为指导思想……更深刻地理解社会主义核心价值观，这是马克思主义与中国优秀传统文化及现代化建设相结合的产物。"在《人民解放战争的胜利》一课中，贾老师遵循唯物史观，尊重学生的学习规律，采取了

"研读教材→能力训练→智力反思"三大环节，并在讲授中国共产党为何在解放战争中迅速取胜，国民党为何会失败时，着重强调了"民心"与"人民"的根本作用，为学生涵养"人民群众是历史的创造者"的观点。在2003年高中总复习辅导讲座中，贾老师讲到中国史部分时始终坚持对学生进行"生产力决定生产关系""经济基础决定上层建筑"的指引，强调经济、政治、文化、民族关系之间的辩证关系；在讲《国共合作抗日》一课的尾声处，分析温家宝总理的讲话时，他始终坚持一分为二的、辩证的思考方式。"温家宝总理的演讲，对我们的启示可以概括为三点：第一，辩证唯物主义的历史观。抗日战争的历史，既是中华民族反侵略战争的一段光辉的历史，也是'一段惨痛、不幸的历史'，它给中国人民带来深重的灾难，制造灾难的是极少数的日本军国主义分子，广大日本人民也是战争的受害者。第二，科学理性的现实观。现实的日本是世界上发达的经济大国，现实的中国是世界上举足轻重的发展中的大国，两国一衣带水，两国友好关系的发展，给两国人民带来了实实在在的利益。和则两利，斗则两伤，这是科学理性、非常现实的观点。第三，面向未来的发展观。'强调以史为鉴，不是要延续仇恨，而是为了更好地开辟未来'。未来的中国一定会更强大，强大的中国一定会为世界和平做出更大的贡献。"

我们再看唯物史观在贾老师班级管理中的运用。

在中学教育阶段，班主任身上肩负着引导、规范和促进学生成长的职责，也是推动中学教育改革与发展的重要力量。学生的健康成长需要良好的生活环境，学校硬件设施能为学生成长提供物质环境，而班级管理则能为学生成长提供制度环境。处于中学阶段的学生，心理和智力还处于发展阶段，他们的自我约束能力仍然较差。如果放任不管是非常不利于他们成长的，如果能为学生提供良好的制度环境则有利于学生良好行为习惯的养成。[1]

在进入教学岗位之前，贾老师从未接触过学生管理和培养的相关工作，有关学生管理和培养的信念是在教学实践中学习和摸索而形成的。刚入职时，学校让贾老师临时带一个一学期换了3个班主任的乱班。"50多人，大小伙子多，

---

[1] 魏桂芳：《中学生管理存在的问题、原因及对策》，华中师范大学硕士论文，教育学部，2017。

又聪明又淘气。高智商学生淘气起来很难管，乱着呢。"当时贾老师年轻、精力充沛，管理班级心中并不发怵，只是需要总盯着班里，无法脱身。例如，生炉子、扫地值日、到操场做操等都需要老师盯着。贾老师当时除了盯班就是在班级中进行学习竞赛，引导学生把精力放在学习上。

第二学年接新班再当高一班主任，贾老师有意识地用唯物史观的理论指导自己的班主任工作。"从带班的第二年开始，进行班级管理小组创优量化评比的实践。就是把班里座次的一竖列划分为一个小组，把每个人的考勤、上操、宿舍与卫生、自习等量化记分，迟到、上操不合格、宿舍与卫生不合格、自习说话等扣分。半个学期做一张'小组创优量化评比十佳五差'量化表，写上每个学生的名字，挂在教室里，违规一次，在其名字后面画红×。一周一小结，半个学期一评比，平均分高的前两个小组组员为十佳生，进行表扬并记入学生档案。对被扣分的同学批评、教育。学生对此非常在意，自小组创优量化评比实行后，常规管理违规的学生几乎为零。我们班也成为考勤纪律、宿舍卫生、上操、自习纪律等年级最好的班集体。""毛主席说过，正确的路线确定之后，干部就是决定因素。在班集体中，班干部便是关键。干部能不能以身作则很重要，学生以学为主，干部的成绩都得过硬，班级工作诸如值日、上操、自习课纪律……总之，方方面面都得让干部带头、干部负责。谁不带头，就撤谁。总之，靠制度靠干部，班主任负责抽查、讲评。"

任用班干部和"小组创优量化评比"的管理方式是贾老师对教学管理经验的总结。面对问题重重的班级，贾老师主动思考解决问题的关键，抓住班级管理中的"主要矛盾"，提出"量化评比十佳五差"的解决办法，并在实践中检验成果。在教育教学实践中，"量化评比"在班级管理方面取得了显著的成效，学生的成绩也名列前茅；同时，教师也从繁杂的班主任管理工作中解放出来，以利于用更多时间研究教学。

唯物史观还在贾老师的自身发展中得到运用。

1984—1987年，贾老师便开始完整地带自己的第一轮学生了，这一轮结束后取得了显著的成绩。贾老师将原因归结为开学前制订的教学计划和班主任计划。"每一学期学校要求制订教学计划和班主任计划。有些老师觉得这是个负担，但我觉得这不就是对自己半年的规划吗，所以我定两个学期的计划还是很认真的。我考虑了方方面面，课要怎么上、怎么才能让班级的成绩好等，这是很正常的(想法)。……提高成绩就是实践第一的观点，生产力第一的观点。""教师和学生是教学实践中最根本的生产力要素，所以，教师在发挥自己主导作用的同时，一定要尊重学生，想办法调动学生的积极性。"所以贾老师在一线工作中，无论是初入教坛还是成熟时期，都始终不断用唯物史观指导，促进学生素养涵养和能力提升，因为在他心中学生就是第一要务，这也符合学生身心发展过程。而为了学生的成长，贾老师也不断用唯物史观精进自身教学技能。

"以唯物史观为指导"不仅是贾老师历史课堂中要教会学生的，贾老师自身的历史教学、班级管理以及自身的发展也深受唯物史观的影响。

此外，贾老师还把唯物史观在社会文化视野发展中加以运用。

退休后贾老师在2020—2021年被北京市规划委员会特邀为北京绿心公园、环球影城等道路命名审核专家，《北京城市副中心地名规划》《北京市标准地名典》审核专家。贾老师认为地名审核的过程，其实就是以唯物史观为统领，再结合时空定位、史料证实、历史解释的方法，涵养渗透家国情怀，提出评审建议的过程。例如，通州的"西海子公园"，《北京市标准地名典》的介绍，就截至20世纪80年代，没把近几年景观升级改造的内容加上，贾老师认为显得单薄，便建议补充资料。他在讲座中解释这其中的核心素养体现如下：

元朝郭守敬主持开凿的通惠河自天桥湾流向西水关入通州旧城，沿今新华大街过闸桥至东水关流出城外，再向南流至张家湾入北运河。嘉靖《通州志略》记载元代的通惠河："波分凤沼即通惠河也。源自玉泉山，会西湖流入禁城汇为太液池。南出都城至大通桥东下，波流演迤，夹堤绿柳，帆樯往来，直至通州，历东西二水门，东南入潞河。"明世宗嘉靖七年（1528年），监察御史吴仲奉皇帝之命，亲自设计指挥重修通惠河，改通惠河在通州城北入北运河，在燃灯佛塔北侧的北城墙外开挖葫芦湖、筑石坝与大光楼。燃灯塔西的西海子处，地势低洼，又与元朝的通惠河相通，积水成湖，俗称西海子。据史料记载："西海子原为城内积水之处，在民国二十五年（1936年），'伪冀东防共自治政府'建为风景区。"

此为西海子公园的雏形。汉奸伪政府倒台后，公园荒芜，杂草丛生。

1949年新中国成立后，西海子建人民公园，并池塘为湖面，中间筑腰堤，水分南北二湖，建石桥一座，桥下可通小船，垂柳环湖为荫。20世纪80年代改扩建，腰堤之上建长廊，方亭白桥，苏式彩画。西有儿童乐园，东北角迁入明代著名思想家李卓吾先生之墓。

2016—2020年，扩建后的西海子公园以水为魂，以大运河文化为核心，营造出了"一塔"即燃灯佛塔，"两湖"即西海子湖、葫芦湖，"三区"即波分凤沼景区、古塔凌云景区、大运河景区，"四水相连"即葫芦头、西海子、通惠河、北运河相连；五河交汇，即通惠河、北运河、温榆河、小中河、运潮减河五河交汇七孔桥等生态人文景观。

燃灯塔下的葫芦湖，又名葫芦头。漕运时代，南来漕船经大运河北上，抵达通州大光楼石坝后，就是在石坝卸下货物，搬运到葫芦头的驳船，运往京城。如今，葫芦头通过水体自流和加装泵站，"四水相连"的古代水网格局再现于西海子公园。公园以"中国传统山水园林"为设计主题，利用具有中国风格的建筑物，如亭（揽月亭）、台（牡丹台）、楼（乾水楼、大光楼）、阁（西海阁）、廊（藤花廊）、桥（云曲桥、七孔桥）、榭（名人轩）等，配合自然的水、石、花、木等组成各种情趣盎然的园景。环湖绿地与亲水平台共生，滨水亭阁与假山相连，名人轩旁的藤花廊与小桥流水……其写意山水的高超艺术手法，蕴含着浓厚的中国传统思想和文化内涵，堪称东方文明的园艺典范。登临乾水楼或大光楼眺望，波分凤沼、古塔凌云、五河交汇、水城共融的生态人文景观，尽收眼底。"唯物史观"统领下的"时空定位、史料证实、历史解释、家国情怀"怎么样？西海子公园的介绍要是按我这么写是不是就更吸引人？①

熟练运用唯物史观，助力贾老师在退休阶段从事社会文化研究与宣传方面，越来越得心应手、游刃有余。

（三）唯物史观之学习

贾长宽老师"以唯物史观为指导"在教育教学等方方面面的自觉运用，与

---

① 2021年4月30日，贾长宽《唯物史观与高中历史教学》线上讲座。

他对唯物史观的学习密切相关。少儿时期的贾老师虽不明其深意，但不自觉地在观察生活时便运用了唯物史观的思考方式。到中学时代，他始终坚持用"为人民服务"这一马克思历史唯物主义的基本观点指导自己从教前的实践，而"为人民服务"的信念也不断影响着贾老师的行动。

贾老师最早接触到的唯物史观来源于"老三篇"和《矛盾论》《实践论》。在中学受教育过程中，贾老师便坚信毛泽东思想，认为毛泽东思想是中国化的马克思主义。这一时期贾老师所树立的"为人民服务"等群众路线的观点和实践的观点指导着他的学习活动和他的工作。"我佩服毛主席。毛主席讲，共产党的干部，不论职位高低，都是人民的勤务员。我高中毕业后担任村团总支书记，民兵连长兼知青主任。那时候，有的人当了干部就不干农活了，但我觉得干部是我的兼职，干农活是必须的。只要白天不去公社开会，我就自己主动参加生产劳动，团总支、知青的学习、宣传活动安排在中午和晚上进行。"由于主动参加生产劳动和团总支工作的出色，贾老师被领导看中，有了提干的机会。"公社的干部考察我，找我好几次，我都在干农活。他们说'这小子还是挺实干的'。我觉得当干部就得带头实干，绝不能偷奸耍滑。"1976年年底，踏实实干的贾老师就被提干为宋庄公社团委书记了。后来在实践的过程中，贾老师深感专业知识的匮乏，萌生了继续学习的想法。"团课讲马克思主义哲学，因为我一开始看毛泽东的《矛盾论》《实践论》，后来又看了一些哲学著作，那时候感觉到知识不够用。"

在进入大学之后，贾老师深受北师大历史系白寿彝、龚书铎、刘宗旭、黄安年等教授的影响，他们非常重视唯物史观，强调读马列原著。在大学期间，贾老师便非常认真地研读了唯物史观的相关著作，如《马克思恩格斯选集》《列宁选集》《毛泽东选集》等马列原著。"他们对学生讲，读马列不要看别人讲得如何如何，你们要读马列的原著。当时我有特殊的背景（'文革'时期对唯物史观的学习和实践），所以在大学4年里面，特别是前两年按照老师的教导，不是走马观花，而是认真地研读了一系列马列原著。"从此之后，贾老师比较系统地掌握了马克思主义哲学，确立了唯物史观的基本立场，能够运用唯物史观指导自己进行历史研究与解释现实问题，这成为贾老师思考问题的一种全新

思维方式。大四时世界现代史开卷考试，试题是写一篇论文，历史系200多人，老师表扬并留作范文的两篇，其中一篇就是贾老师写的《论列宁的新经济政策》。在大学学习唯物史观的经历，丰富了贾老师的思想理论素养，也给予了贾老师运用唯物史观的自信。

在潞河中学从教后，贾老师迅速站稳讲台，这与对"唯物史观"的坚持和前辈的指导分不开。而迅速站稳讲台也使贾老师更加坚定了"以唯物史观为指导"的教育信念，"实践第一，真抓实干"，"实干就是踏踏实实的实践"。此后，贾老师继续用唯物史观来指导自己的教学改革实践。处于这一阶段的贾老师并没有对自己的教师工作树立远大的目标，而是着眼于每学期的教学计划和班主任计划。"其实那时候根本不懂这个职业规划。不论干什么工作，你得有计划，这个计划其实就是学期规划。所以，我制订学期计划，还是很认真的。我考虑了方方面面，我这个课怎么能让它突出了、同样的班我教的班能不能比其他班成绩要好等。"受其教育信念的影响，贾老师仅工作5年便在教育教学方面获得了众多成绩，这些成绩也证明了贾老师"以唯物史观为指导"这一教育信念的正确性。尔后，"以唯物史观为指导"的方法，不仅是贾老师自身发展的教育信念，更成为其历史教学中的重要内容。

在中学历史教学中运用唯物史观理论，引导学生思考和分析具体的历史事件和历史现象，提高了学生的思维能力，增强了认知和评价事物的能力。可以说唯物史观的引领与贯彻，使贾老师的课堂有了高度。

二、循规——四步导学建课堂

历史课堂是教师运用教育理论和方法，传授历史知识和揭示历史规律的舞台。历史教学过程最本质的特征，就是用历史上的重大事件和人物活动等，教育引导学生掌握可靠的历史知识，进而理解历史发展的普遍规律，培养和提高学生观察分析问题的能力，发展学生智力。同时，培养学生的爱国主义和家国情怀，树立辩证唯物主义和历史唯物主义的科学世界观。

教无定法，但是教学有法。从入职之初到退休，贾长宽老师一直在不断探求适合自己、适合学生、适合课堂的教学方法。不断实践，不断改进，由"六步教学法"到逐渐成熟的"四步导学法"，形成了自己独特的教学特色。"四步"即新课情景导入，分层设问导悟，解读提纲导思，练习质疑导用。

2014年春，贾老师在高一年级（4）班执教的一节研究课《新文化运动》，使用的教材是岳麓版高中历史必修Ⅲ。结合课标和教材，贾老师认为，本节课的重点是新文化运动的内容和影响；难点是如何实现情感态度价值观目标和过程方法目标。本课教学中，贾老师成功运用了"四步导学法"来建构课堂。下面我们就通过这一课例，走进课堂，感受贾老师的教学风采，领略"四步导学法"的微妙之处。

第一步，"新课情景导入"。

教师展示"上联：民犹是也，国犹是也，何分南北；下联：总而言之，统而言之，不是东西。横批：旁观者清。"用一副对联导入新课。

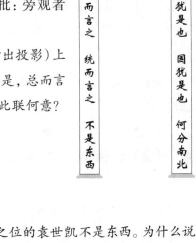

教师：民国初年，有人写了一副对联：（打出投影）上联是，民犹是也，国犹是也，何分南北；下联是，总而言之，统而言之，不是东西。横批是，旁观者清。此联何意？（提示：谁不是东西？）

学生：总统不是东西。

教师：总统指谁？

学生：袁世凯。

教师：此联的意思是讥讽窃取民国总统之位的袁世凯不是东西。为什么说"总统不是东西"？我们要了解这一时代背景。

这是四个教学步骤之首，通过兴趣导入这一步，学生一下子被这一副有意思的对联所吸引，进一步讨论回答问题。在学生回答的基础上，贾老师进一步再抛出问题：为什么说"总统不是东西"？把学生的思路引入到了本课的教学当中，可谓

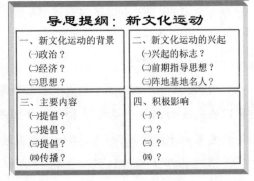

导思提纲：新文化运动

一、新文化运动的背景	二、新文化运动的兴起
（一）政治？	（一）兴起的标志？
（二）经济？	（二）前期指导思想？
（三）思想？	（三）阵地基地名人？
三、主要内容	四、积极影响
（一）提倡？	（一）？
（二）提倡？	（二）？
（三）提倡？	（三）？
（四）传播？	（四）？

是设计新颖、有效,牢牢地抓住了学生。

第二步,"解读提纲导思"。在研究教材的基础上,结合课标要求,对本课知识点进行重新梳理,帮助学生初步建立知识结构。

教师在学生成功进入情境后解释:就在袁世凯接受日本灭亡中国的"二十一条",复辟帝制的同一年,中国兴起了一场重铸国魂的思想解放运动。

请看屏幕:导思提纲。同学们打开教材,按导思提纲看书思考前两个大问题——

一、新文化运动的背景:从政治、经济、思想三个方面分析概括其特点。

二、新文化运动的兴起:注意提炼要点,把握关键词。

通过这一步,使学生对本节课的内容有了初步的了解,并建立了知识结构体系,为下一步学生阅读教材和思考问题,打下了基础。这一环节重视学生的阅读与理解,锻炼了自主学习能力。

下面的第三步"分层设问导悟",是四步中的重头戏,先让学生阅读教材,然后在此基础上,一步步提出问题,不断把学生引向问题思考,进而总结得出结论。

学生:解读教材3分钟。

在知识结构的引导下,让学生阅读课本,进一步体现了让学生主动学习的策略。

教师:新文化运动政治背景的特点是什么?

学生:(思考)

教师:(引导)辛亥革命失败后,列强支持袁世凯专制、复辟帝制。袁世凯称帝失败后,中国又出现军阀割据混战的政治局面。这说明当时北洋军阀统治下的中国政治上怎么样?

学生:混乱、黑暗。

教师:北洋军阀的黑暗统治,正是新文化运动政治背景的特点。在黑暗中,中国的先进知识分子继续探索——什么能救中国?中国的希望在哪里?民族经济的发展给中国带来了希望,当时中国民族经济发展的特点是什么?

贾老师在这里设计的问题依据教材,又高于教材,且环环相扣,逐步深入,引领学生运用唯物史观分析问题,使学生的思路一点点打开、发散。

学生:民族资本主义进一步发展,出现短暂春天。

教师:对。民族资本主义进一步发展,资产阶级强烈要求在中国实行民主政治,这是新文化运动兴起的什么原因?

学生:根本原因。

教师:民族资本主义发展还有什么影响?

学生:无产阶级壮大。

教师:无产阶级壮大,为中国革命提供了新的领导阶级,也为马克思主义在中国的传播提供了阶级基础。那么,新文化运动发生的思想背景是什么?

学生:西方启蒙思想进一步传播,民主共和的观念深入人心;袁世凯掀起尊孔复古的逆流。

教师:很好! 袁世凯尊孔复古,是新文化运动兴起的什么原因?

学生:直接原因。

教师:袁世凯掀起尊孔复古的逆流,具有资产阶级民主思想的先进知识分子不能容忍,新文化运动应运而生。新文化运动兴起的标志?

学生:1915年陈独秀在上海创办《新青年》。

教师:新文化运动前期的指导思想是什么?

学生:西方的民主和科学思想。

教师:新文化运动的主要阵地和主要活动基地分别是?

学生:《新青年》和北京大学。

教师:请看屏幕,新文化运动的著名人物。1915年,36岁的陈独秀创办《青年杂志》,《青年杂志》从第二卷起改名《新青年》。1916年,陈独秀来到北京后不久,就有一位教育家登门拜访,谁呢? 蔡元培。当时的北大校长蔡元培认为,理想的教育应

当是培养青年学生的优美的精神和健全的人格。蔡元培通过阅读《新青年》,认定陈独秀"确可为青年的指导者"。所以,登门拜访,请陈独秀任北大文科学长。

随后，留美回国的哲学博士胡适，也被请到北大任教。胡适比陈独秀小12岁，陈独秀又比蔡元培小12岁，3人都属兔。他们在北大联手，打破旧传统，提倡新文化，人称"改变中国文化的三只兔子"。

鲁迅和蔡元培是什么关系？都是浙江绍兴人，是同乡。鲁迅在北大兼课，讲授中国小说史略。一位诗人后来回忆说：每当鲁迅先生仰着冷静的面孔走进北大教室，喧闹的教室，立刻鸦雀无声。大家听着他的小说史略，仿佛听到了全人类灵魂的历史……鲁迅写的第一篇白话小说是什么？（学生：《狂人日记》）。教师：《狂人日记》猛烈批判封建旧道德，揭露封建旧礼教的本质是？（学生：吃人！）。教师：一针见血！

着墨不多的讲述再加别具一格的"贾式语言"，生动有趣、活灵活现，牢牢地吸引着学生。通过多媒体展示图片，加上对图片精确的解读，贾老师进一步提出问题。

1917年，李大钊也被请到北大工作。这些民族精英会聚的北大，一时间成为新文化运动的主要活动基地。《新青年》编辑部也从上海迁到北大红楼附近，《新青年》成为新文化运动的主要阵地。

请看屏幕，新文化运动的主要内容可以概括为"三提倡，一传播"，共四点。请看教材思考，每点内容都有什么积极影响？

对于本课的重点内容，贾老师进一步通过让学生在思考和完成知识结构填充的过程中予以掌握，并适当地加以点拨，既调动了学生的积极性，又很好地完成了对重点内容的梳理。

学生：看教材思考3分钟。

教师：新文化运动，第一提倡什么？

学生：民主与科学。

教师：（学生回答时，教师打出关键词）提倡民主与科学的口号是陈独秀首先提出。他认为只有"德先生"和"赛先生"可以救治黑暗的中国。"德先生"和

"赛先生"指什么？

学生："德先生"即"民主"，"赛先生"即科学；是Democracy和Science两个英文名词词头的译音。

教师：请看屏幕文本资料："德先生"即民主，指人权、法制等民主思想和民主制度。"赛先生"即科学，主要指自然科学法则和科学精神。

阅读材料，思考：陈独秀提倡科学与人权并重的目的是什么？

材料：近代欧洲之所以优越他族者，科学之兴，其功不在人权之下，若舟车之有两轮焉。一遵理性，而迷信斩焉，而无知妄作之风息焉。国人而欲脱蒙昧时代，羞为浅化之民也，则急起直追，当以科学与人权并重。——陈独秀《敬告青年》

教师："人权"指民主。陈独秀提倡"科学与人权并重"的目的是什么？

学生：遵理性，斩迷信；脱蒙昧，急起直追。

教师：陈独秀敬告青年的目的是什么？

学生：敬告青年要尊重科学，反对迷信和愚昧。

教师：好！提倡民主和科学并重有什么意义？

学生：使中国的知识分子，受到一次民主和科学思想的洗礼，民主和科学思想得到弘扬，推动了中国科学的发展。

教师：提倡科学与民主并重对中国人的思想还有什么作用？

学生：解放思想。

教师：正确！新文化运动，第二提倡什么？

学生：提倡新道德，反对旧道德。

教师：旧道德指以孔子为代表的儒家传统道德。中国自汉武帝罢黜百家、独尊儒术以来，儒家思想成为封建统治思想。统治者把儒家思想作为维护封建专制统治的精神支柱。所以，新文化运动提出"打倒孔家店"的口号。那么提倡新道德，反对旧道德，有何积极作用？

学生：动摇了封建思想的统治地位，使人们的思想空前解放。

教师：新文化运动既是思想解放运动，也是文学革命。文学革命的内容是什么？

学生：提倡新文学，反对旧文学。

教师：文学革命开始的标志是什么？

学生：胡适在《新青年》上发表《文学改良刍议》，陈独秀发表《文学革命论》。

教师：胡适和陈独秀的主张有什么不同？

学生：胡适主张改良——提倡以白话文代替文言文，写文章要言之有物；陈独秀主张革命——提出推倒旧文学，建设新文学。

教师：二人都提倡新文学，提倡以白话文代替文言文，有何意义？

学生：思考。认识到白话文比文言文容易理解。

教师：（进一步引导）这对科学文化有什么意义？

学生：有利于宣传普及科学文化。

教师：好！"三提倡"是新文化运动前期的主要内容，前期新文化运动的实质是资产阶级新文化反对什么文化的斗争？

学生：反对封建旧文化的斗争。

教师：1917年俄国十月革命以后，新文化运动进入新时期。后期新文化运动的主要内容是什么？

学生：宣传社会主义。

教师：中国第一位举起社会主义大旗的是？

学生：李大钊。

教师：1918年，李大钊发表的代表作是？

学生：《布尔什维主义的胜利》。

教师：布尔什维主义是俄语的音译，指列宁主义，是马克思主义的继承与发展。宣传布尔什维主义，就是在传播马克思主义。马克思主义在中国传播有什么意义？

学生：中国先进知识分子选择和接受了马克思主义，作为拯救中国的思想武器。

教师：从鸦片战争到俄国十月革命，中国的先进分子一直在探索救国强国之道，他们向资本主义国家学习，大体经历了三个阶段。最初是以林则徐、魏源为代表，主张向资本主义国家学习什么？

学生：先进技术。

教师：洋务运动的实践结果证明了什么？

学生：只学技术，不能救中国。

教师：学技术，仿制器物。失败后，以康有为、孙中山为代表，主张向资本主义国家学习什么？结果如何？

学生：学习政治制度。康有为主张君主立宪制，孙中山主张民主共和制，结果失败了。

教师：辛亥革命失败后，新文化运动兴起。它主要"新"在主张向资本主义国家学习什么？

学生：民主和科学。

教师：向资本主义国家学习的是民主和科学精神。这对于中国人的思想解放和向现代转型，即民主化、科学化，树立以人为本的科学发展观，具有重要意义。

在思想空前解放的基础上，十月革命一声炮响，给中国送来了马克思主义。中国先进知识分子，转向社会主义国家俄国学习，最终选择和接受了马克思主义，作为救国之真理。这是历史的选择。这也为五四运动成为中国新民主主义革命的开端做了思想准备。

在包含本课重、难点的整个第三步中，贾老师以一个个问题为切入点，引导学生步步思考，避免了满堂灌式的教学方式，既让学生学习了知识，又培养了学生的思维能力。许多问题有很高的思维含量，如果教师以这种方法上课，学生以这种方法学习，假以时日，定会收效显著。此环节精准、凝练，可以说是打造高效课堂的很好途径。

第四步，"练习质疑导用"。通过展示视频资料，回答问题，进一步考查学生本节课的学习效果，并培养学生应用所学知识解决问题的能力。

教师：请看新文化运动视频资料（5分钟，节选自历史资料片《世纪中国》）。

边看边思考：该段视频资料对新文化运动的介绍与评价是否全面？如果请你改编，你打算如何做？

学生先后自由发言。发言要点：该段视频资料对新文化运动的介绍与评价是不全面的。如，经济背景未介绍；蔡元培和胡适未介绍；在批判封建正统思想过程中，对中国儒家传统文化，存在绝对否定的片面性；应全面评价孔子等。

北京大学红楼，在北京东城沙滩北街，今五四大街29号→

←《新青年》编辑部旧址，北大红楼南行约500米，箭杆胡同20号

教师对学生改编思路引导性建议：有研究兴趣的同学，阅读有关新文化运动的论文专著、实地参观考察北京大学红楼和《新青年》编辑部驻地。北京大学红楼，现为新文化纪念馆，位于北京东城区沙滩北街五四大街29号。《新青年》编辑部驻地，北大红楼南行约500米，马路西侧智德北巷箭杆胡同20号。

在收尾的第四环节，贾老师通过播放视频资料，提出了一个有一定难度的开放性问题，这既是本节课知识构架的组成部分，也是对活学活用教学很好的检验。由学生做出判断，形式新颖，既有利于学生对课本知识的运用，同时又有利于引导学生课后对问题的探讨。

在教学过程中，贾老师以"求真""增智""扬善""助发展"为宗旨，充分尊重学生的主体地位，通过激发兴趣、课堂设问、成就期待等策略的灵活运用，让课堂变得高效而生动。虽是一节常态课，但是贾老师精心设计各个环节，引导学生进行历史学习，带领他们走进荡气回肠的历史世界，无论在知识目标、能力目标，还是在情感价值人格引领方面都收到了很好的效果。

这一节课后，贾老师的部分学生接受了访谈，分别发表了自己的看法：

学生A：贾老师人非常好，和蔼可亲，对工作特别认真，而且对我们又特别好，上贾老师的课总感觉很亲切。

学生B：贾老师的历史课内容总是很清晰，每节课老师都给我们一个内容提纲，按照提纲指导我们学习课本内容，上完课，感觉自己脑海中也建立了一个知识结构。

学生C：贾老师的课很有层次性，先让我们熟悉整节课的内容，然后再带领我们对每个知识点进行学习，课中老师还会穿插一些有趣的练习题，使我们可以对学到的知识马上进行应用，我们都喜欢做这种题，即使回答错了，也感觉很有意思，很有挑战性。

学生D：上贾老师的课不但有趣味性，而且对于课堂内容，稍加复习就能掌握得差不多了，感觉负担没那么重。

学生E：贾老师在课堂上会提出一些让我们不容易回答却又愿意思考的问题，我最喜欢这样的问题。如果想到了，感觉很有成就感；就是想不到，听别的同学说也感觉很受启发，会思考自己为什么没有想到。所以有时我觉得原来历史有时比数学还难啊！

学生F：我喜欢听贾老师的课，贾老师上课像说书一样，语言很生动，有时还带有很好玩的动作。有次老师给我们讲文艺复兴，就摆出了一个小天使的姿势，引得全班同学发笑，而且对于知识我们也深深地记住了。

由此可见，学生对贾老师和贾老师的历史课，都是非常认可和喜爱的。

本课针对高中学生特点，选用利于达标、可操作性强的教学方法和多媒体课件，灵活运用导学策略——兴趣导入、问题导思、互动导悟、练习导用，以使学生达到"学会""会学""会用"之目的。

通过以上课例，我们对"四步导学法"有了形象、具体的认知。四环节可谓层层递进环环相扣。

第一步，"新课情景导入"，即通过创设情境、设计问题把学生引入课堂。上好一节课，如何开头是个关键，贾老师深刻地认识到了这一点，所以他经常用具有代表性的事例吸引学生，激发他们的求知欲，创设轻松学习、积极思考的情境，充分地调动孩子们学习历史的兴趣，让他们不由自主地为他的讲解而着迷。

第二步，"解读提纲导思"，即在研究教材的基础上编写知识结构。"解读提纲导思"作为课堂教学第二步起着重要的作用，通过"导思提纲"指导学生解读教材、独立思考、提炼要点，引导学生学思结合，培养学生快速解读、获取相关信息的自主学习能力，让学生们有的放矢地对知识进行梳理。

第三步，"分层设问导悟"，即依据课标和教材，设计有思维深度的问题，引导学生学习。在学生解读教材的基础上，贾老师围绕教学目标，按历史发展的时序，为不同水平的学生创设不同难度的问题，深入浅出、难题分解、化难为易，通过边问边讲、问讲结合、师生互动的模式，把学习的过程化解为提出问题、探究问题、解决问题的过程，引导学生思考和感悟历史。

第四步，"练习质疑导用"，即在学生学习的基础上，通过练习、延伸等方式，巩固课堂知识。贾老师通过应用练习引导学生关注现实、学以致用、尝试知行合一，培养学生们求真、求实的科学态度，让他们体验阅读史料、探讨问题、应用所学知识的思路与方法，由"学会"发展为"会学""会用"。

国家的发展需要教育的发展，教育的发展需要有高素质的教师，教师的专业水平、教学理念、教学技能等，直接影响教育的效果和质量。当前形势下，许多国家基本已经把推动教师的专业化发展，作为提高教师整体素质的重要措施之一。"教师专业发展是指教师在教学职业生涯的每一阶段掌握良好专业实践所必备的知识和技能的过程。"[1]但是对于如何实现教师的专业化发展，往往忽视教师个体在专业化发展中的作用，其实教师通过自己特有的方法或模式，也可以实现自我的专业发展。贾老师说，他的成长过程就是得益于他所创立的"四步导学模式"。在这个模式的创立、运用、完善的过程中，教师个人的专业素养也得以不断提高。

在教学实践中，贾老师就是这样通过协调各项策略，共同支持教学活动有序开展，从而达到使学生学会学习、学会做事、学会做人的既定学习目标。[2]可以说，"四步导学法"是贾老师多年实践探索的结果，每一步各含其妙，有法可依可效，使其课堂有规可循，使贾老师的课堂有了尺度。

三、有味——京腔京韵自多彩

"贾不假，白玉为堂金作马。我姓贾，就是贾宝玉的贾，但是，我跟贾宝玉没啥关系。不过呢，我跟贾宝玉的塑造者——曹雪芹的长眠之地通州，那关系

---

① 蒋竞莹：《教师专业化及教师专业发展综述》，《教育探索》2004年第4期。
② 尹同雪：《论中学历史教师的教学反思》，山东师范大学硕士论文，历史文化学院，2013。

还是相当密切，我爷爷的爷爷就生活在通州。"这是2017年10月，贾长宽老师被邀请参加北京电视台《三庙一塔——解密运河通州的历史符号》节目录制时一开场的自我介绍，充满了"贾式语言"的风趣幽默。

语言是思维的载体，是传递知识、沟通信息、交流情感和表达思想的工具。历史学科综合性强，内容包罗万象，涉及政治、经济、文化、科技等各领域。因此，做一名出色的历史教师，不仅要充分备课，搜集资料，还要多方面提高自身素质修养和语言表达能力，用生动的语言熏陶、感染学生，引导学生进行思维、联想与构建，调动学生的学习积极性，从而收到良好的教学效果。

可是直到现在，还有一些地方学校对老师有硬性的要求，一节课的讲述时间不能超过总时间的三分之一，然后让学生去说去做。这种让学生成为课堂主体的意图是好的，但是一刀切的做法却是让人匪夷所思。历史的特点就是若干年前曾经发生的事情，一去不复返，不可以轻易假设、探究和实验，这也就决定了历史教学应该以"讲"为主，包括讲述、论述、贯口、评说、边问边讲等。在教师"讲"的过程中，让学生增长知识、锻炼思维、陶冶情操。以人大附中李晓风老师为代表的众多京派名师，始终把"讲"放在重要的地位，把"讲"上升到精美的艺术程度，形成独具特色的"京味"课堂：叙事清晰，逻辑清晰，全面透彻；叙述说理清清楚楚，全面透彻有逻辑性；描绘人物有声有色，栩栩如生有形象性；谈话真诚在情在理，平易近人有感染性；借助手势夸张比喻，新颖生动有趣味性；余音绕梁举一反三，引人思考有启发性。

贾老师的语言特色就十分突出，课堂中时时充满着生机，绝少有人懈怠走神。听过他讲课的人，都被那带着浓厚京味儿的评书一样的课堂深深地吸引，留下深刻印象。首师大学生在听了贾老师大运河专题讲座后，很有感触地说："贾老师的教学语言艺术令人折服。在最后慷慨激昂的陈词中，老师以其真切的情感和真实的热爱，感染着我，也激发了我心中想去继续深入了解大运河的欲望，让我感受到了教师的语言艺术的力量和情感教学的魅力。"下面透过经典案例，我们一起感受一下"贾氏语言"的魅力。

（一）生动细腻如神游

历史应该是一幅生动形象、有血有肉的画卷，教师"讲"的时候必须准

确形象、翔实生动，只有活生生的历史，才能感染学生，加深学生对理论知识的记忆与理解。而要想臻于此境，就要求教师在平时的生活和学习中加强阅读积累，博览群书，不断锤炼语言，使自己的语言能够扣人心弦，耐人寻味。有些经验丰富的教师，上课特别吸引学生，原因就在于他们不仅能讲清历史事件，还能绘声绘色地描述事实、人物，以生动的语言把抽象的理论形象化。历史课堂语言就应当讲出色彩、讲出声响、讲出形象来。贾长宽老师的课堂，就是绘声绘色给人身临其境之感。讲到陈胜吴广领导的大泽乡起义，仿佛能听到"王侯将相，宁有种乎"的振臂高呼；描述甲午海战中滚滚硝烟、炮弹横飞的激战，仿佛能看到清军将士英勇抗击日军；跟随毛泽东转战陕北，羊马河沙家店，运筹帷幄声东击西，仿佛能置身于谈笑间强敌灰飞烟灭的战场。

贾老师的课堂实录保留得不多，我们就以前面提到的北京电视台录制的《三庙一塔——解密运河通州的历史符号》节目为例。讲到燃灯塔的三绝，贾老师滔滔不绝，如数家珍：

三绝之一就是这个塔榆，塔榆在通州有一个传说。那是在很久很久以前，通州的潞河，有一条恶龙，能口吐白沙，能一口气喝干一河的水。一到春天，它把河水喝干，使春天大旱。夏天它又把满肚子的坏水吐出来，造成洪水泛滥成灾，淹没村庄和农田。通州的老百姓与恶龙斗争，春天挖井抗旱，夏天筑堤防洪。这条恶龙口吐白沙填井，以更大的洪水冲垮堤岸。通州的老百姓，不屈不挠，挖井筑堤不止，誓死保卫家园。这种不屈不挠、誓死保卫家园的精神，最终感动了玉皇大帝，玉皇大帝派天神下凡，为通州百姓建了燃灯宝塔，将恶龙镇压在宝塔之下。燃灯宝塔建成后，燃灯佛特派两个光明使者，一个是塔鹰，一个是金鸡，他们负责镇守宝塔。后来，燃灯佛要招回塔鹰，金鸡忧伤地对塔鹰说："你走后，我将形只影单，连给我遮阳光的都没有了。"塔鹰闻听此言，腾空而去，飞走了。金鸡流着眼泪，对天长鸣："天哪，你怎么说走就走了！"话音未落，塔鹰又飞了回来，口中叼着一枚榆钱，放在塔顶上；不久，燃灯佛塔的顶上就长出了一棵神奇的塔榆。

小时候我爷爷经常带我到通州城，每次都能看到塔榆。1983年，我到潞河中学当教师，还能看到塔榆。两年后，我突然发现塔榆不见了。一打听，原来是重修燃灯塔，为了保护燃灯塔，把塔榆移植到西海子公园的葫芦湖畔。

据负责重修燃灯塔的专家讲：塔榆生长在塔顶西北面，移植的时候，它的主干直径17厘米，高3.7米，没有主根，须根密布在西北面塔顶的瓦下，瓦下有薄薄一层土，塔榆就靠瓦下薄薄的一层土，生活了200多年，移植后，长势非常茂盛，堪称一绝。

燃灯佛塔的第二绝是神像多，共有神像400多尊。有坐像，有立像；有披铠甲执剑者，横眉立目，凶相毕露；有穿袈裟者，双手合十，慈眉善目。最奇特的是有一尊猪八戒神像，肥头大耳，硕鼻大嘴，圆鼓鼓的大肚子，正襟危坐，形象十分逼真。专家考证这座猪八戒神像，是明朝成化年间雕塑的。当时《西游记》一书还没有问世，燃灯佛塔的猪八戒，比《西游记》的猪八戒，早出现大约80年，所以才有《西游记》"猪八戒藏身燃灯塔"这一说。

燃灯佛塔的第三绝是塔铃多，一共有铜制塔铃2248个，每个塔铃上都刻有捐钱修塔人的姓名。这些塔铃悬挂在燃灯佛塔每层飞檐的椽子下面，转角檐子下面挂2个大铜铃，每个大约2斤重，其余椽子下面挂1个小铜铃，大约1斤重。风一刮，铃就响，风雨大作时，塔铃齐鸣，声势浩大。有人问，装这么多塔铃有什么用。我分析，塔铃有实用的功能。"一枝塔影认通州"，那是白天，晚上、夜里看不见塔，怎么就知道到没到通州？听塔铃，一听到塔铃的声音，就知道到通州了。有诗为证：巍巍宝塔镇潞陵，朗朗铃声空里鸣。风雨兼程多少夜，一听塔铃到大通。[1]

大量的信息一气呵成，贴切生动、旁征博引的语言描述，使听者有很强的画面感，仿佛置身于燃灯宝塔前，也令未曾身临其境之人心生向往。本就生动的内容，再加上惟妙惟肖的京味儿演绎，贾老师的讲述让人深深感受到了语言的魅力。

当然，语言是形式，史料是内容，为了取得良好的效果，看似信手拈来的细节，背后却是大量查阅资料、去伪存真、掂量辨析的工作。教师积累的史料越丰富，反映史料内容的语言才能丰富。

---

[1] 编者注：为了不扰民，燃灯塔重修时加以固定，所以现在已听不到塔铃声。

贾老师的例证告诉我们，令人难忘的历史课堂一定是生动的。

（二）诙谐幽默乐中学

相信很多初入教坛的新手都会自问：如何让历史课不再枯燥？如何充分展示历史学科的魅力？如何使学生喜欢历史，喜欢历史老师呢？

据调查，幽默诙谐的课堂风格更能吸引学生的注意力，激发学生的学习兴趣，使其获得一种愉快的情感体验。在美国，言语幽默被定义为教师必备的技能，因为幽默的语言更适合学生的胃口，如果教师的课堂语言幽默诙谐，课堂气氛轻松愉快，学生就会兴趣盎然、全神贯注，学习效果自然事半功倍。有学者曾说过，教师在教学中运用幽默的方法来揭示所教的教学内容，会使学生对所学内容产生深刻印象，有利于学生理解知识。[①]德国演讲家雷曼麦也有句名言：“用幽默的方式说出严肃的真理，比直截了当地提出更易让人接受。”[②]对于少有经验的学生来说，书本知识大都抽象、生涩难懂，教师语言幽默就具有把这些难懂的知识通俗化的魔力。它能将深刻的道理寓于简单的言语中，这就简化了学生的理解方式，减轻了学生理解的负担。学生学习知识变得简单了，也就乐于去学习，而这就加速了兴趣的产生。

幽默是贾长宽老师教学的突出特色。贾老师善于在教学中不失时机地创造幽默，激发学生兴趣，消除教学疲劳，活跃课堂气氛，深化知识理解，和谐师生关系，发展学生能力，优化学生个性。我们走访了一些贾老师的学生，时至今日，很多毕业生已经记不清楚贾老师每节课讲的具体内容了，但是他微摇着头，微眯着眼睛，端着手，口若悬河的讲课姿态，抑扬顿挫的声音都让人记忆犹新，也都对他轻松愉快的课堂氛围印象深刻。他幽默的语言、幽默的动作、幽默的神情紧紧吸引着学生。他的经验印证了“历史教学也是一种特殊的艺术表演。它以课堂为舞台，教师为导演，学生唱主角，是师生共演的教学剧。教学中恰当地运用幽默效应，能培养学生学习兴趣、激发思维，点亮历史课堂”[③]。

① 季诚均：《浅论教学幽默》，《浙江师大学报》1992年第1期。

② 余诗明：《语文课堂幽默浅论》，《学语文》2005年第4期。

③ 邹燕：《幽默在历史教学中的运用》，《学子：教材教法研究》2015年第14期。

贾老师在课堂上犹如说评书相声一样讲解历史，常常把学生带进了历史学科的别样天地。

比如，在讲授新文化运动背景时，他就选用了民国初年时人写的一副对联："上联是，民犹是也，国犹是也，何分南北；下联是，总而言之，统而言之，不是东西。横批是，旁观者清。"说"总统不是东西"，一下引起学生的好奇心和求知欲，引发学生对问题的思考，最后使学生认识到"辛亥革命失败后，列强支持袁世凯专制、复辟帝制，袁世凯称帝失败后，中国又出现军阀割据混战的政治局面"，北洋军阀的黑暗统治，正是新文化运动政治背景的特点。贾老师课堂中的历史故事总是"集生动性、形象性、趣味性、思想性于一体"[①]。

再比如，讲到国共全面开战，贾老师绘声绘色地讲道："面对记者拿毛泽东和蒋介石的名字做文章，然后刁钻提问：毛先生有没有信心战胜蒋先生？毛泽东回答：蒋先生的'蒋'是将军的'将'字加一棵草，他不过是草头将军而已，我的'毛'字可不是毛手毛脚的'毛'字，而是一个反'手'，意思是代表大多数中国人民利益的共产党要战胜代表少数人利益的国民党易如反掌。"学生听得津津有味，一个敏锐机智、气度恢宏的领袖形象跃然眼前。

在讲到《人民解放战争的胜利》一课，探讨到毛泽东北平和谈的八项条件为何如此苛刻时指出："是因为毛泽东了解历史上的楚汉之争啊！毛泽东之所以如此睿智，就是因为特别喜欢历史！"让学生们不禁莞尔，也加深了对历史的热爱。

历史学科特别让学生头痛的就是要记忆的东西太多，贾老师就琢磨出很多很多的记忆小妙招。如讲述1900年八国联军侵华时，英俄德法美日意奥这8个国家名字不好记，就把它们调整顺序变为"英法奥美日德意俄"，谐意为"英法奥每日得一鹅"，这样一来，学生很快就记住了8个国家的名称，而且不容易忘记。二战后东欧人民民主国家记成：阿（阿尔巴尼亚）波（波兰）罗（罗马尼亚），难（南斯拉夫）保（保加利亚）吉（捷克斯洛伐克）凶（匈牙利）得（东德）。还有利用谐音记忆年代，比如梭伦改革的公元前594年，记成"钱无就死"。英国资产阶级革命爆发的1640年，记成"一刘司令"。刚工作的时

① 邹燕：《幽默在历史教学中的运用》，《学子：教材教法研究》2015年第14期。

候,贾老师还编了好多朗朗上口的记忆口诀,比如关于文艺复兴的艺术成就:"伟大的画家达·芬奇,国籍也是意大利,蒙娜丽莎笑微微,最后的晚餐像神笔。"中国四大发明中的造纸术:"蔡伦改进105,造价低廉麻网布。"……这样的例子不胜枚举,让学生们在玩笑之间就轻易记下了知识,而且印象深刻经久不忘。

贾老师的例证告诉我们,令人难忘的历史课堂一定是妙趣横生诙谐幽默的。

(三)一枝一叶总关情

一节课,即使投入了大量的精力,组织了最精美的语言,但是如果不了解学生的特点,没有情感的真正投入,也不会走进学生心灵,打动人的灵魂。

列宁说:"没有人的感情,就从来没有也不可能有对真理的追求。"[1]因此,教师要充分发挥历史课堂语言的魅力,要运用情感进行教学,在具体形象的基础上还要充满情感色彩,以求声情并茂,这样才能引起师生间的共鸣,激发学生的自信心、进取心,调动学生的积极性,从而取得最佳教学效果。青岛一位老教师曾经指出这样一个现象:有的教师专业精通、学识丰富,也善于表达,但就是教不好学生。究其原因,就是教师上课缺乏情感投资。历史教师不仅要让学生从理念上分清敌友、是非、爱憎,而且教师的教学语言也应该充满情感色彩,以感染学生,触及学生的灵魂,敲开心灵大门,激发学习兴趣。教师在课堂教学中善于用语言表达情感,才能更好地使学生掌握历史知识,达到理想的教学效果。

贾长宽老师的教学语言就是声情并茂,再加上特有的京腔京味,充盈着饱满而真切的情感在里面。每一节课都是在用生命传递着知识、真理与热爱。特别突出的有这样两个片段:

一个是在工作后不久,1985年前后,讲一节研究课《巴黎公社》。在讲到公社保卫战的时候,难掩激情与热血:

从5月22日起,巴黎公社战士和市民在一道道街垒掩护下,与攻入城内的反

---

① 列宁:《列宁全集(第25卷)》,中共中央马克思恩格斯列宁斯大林著作编译局,人民文学出版社,1988,第117页。

动军队拼死搏杀。大屠杀延续了1个多月，连同妇女、儿童在内，3万多巴黎人在血泊中丧生。加上战场上牺牲的，被流放、监禁的公社战士和群众，有10万人惨遭梯也尔反动政府的残害。"一条血渠从一个兵营注入塞纳河，几百公尺的河水都被染红，河面上出现一道狭长的血流……"当时的法国报纸这样报道。

公社委员鲍狄埃已经在巴黎革命群众的掩护下，转移到了蒙马特尔区的一位工人家里。眼看巴黎公社惨遭镇压，耳闻资产阶级屠杀革命战友的枪声，手抚着打光了子弹的枪杆，他心潮澎湃，热血沸腾，脑中孕育了一个宏伟的构思。6月1日，鲍狄埃在他所藏身的那间闷热又破旧不堪的阁楼里，创作了后来传唱世界的《国际歌》歌词。

30多年过去了，一些听过贾老师这一节课的学生还有印象，并且由此根植下一种革命浪漫主义情怀。

另一个片段是《重庆谈判》。在简介了谈判的背景之后，话锋一转，介绍了毛泽东和民主人士柳亚子先生的交往。

在近20年间，柳亚子对共产党的同情与对毛泽东的激赏始终如一。此番渝地重逢，柳亚子赠诗一首："阔别羊城十九秋，重逢握手喜渝州。弥天大勇诚能格，遍地劳民乱倘休……"毛泽东将一首作于1936年的《沁园春·雪》赠给了柳亚子。辗转在重庆刊出，这是毛泽东诗词首次在报纸上公开登出。接着，重庆《大公报》将毛泽东那首大气磅礴的《沁园春·雪》与柳亚子的诗一起推出，短时间内，重庆十几家报刊纷纷转载，顿时轰动山城乃至全国，一时间舆论纷争之极。蒋介石获悉极为震怒，立刻布置爪牙与御用文人拼凑诗词，却是天壤之别。蒋介石暴跳如雷，而其文胆陈布雷一句"人家的诗词是自己写的"，更让他恼羞成怒而又哑口无言。毛泽东的文韬武略因此为全国人民所获悉，从而备受推崇。

毛泽东为何在重庆送给柳亚子这首词？毛泽东写给柳亚子的信中就说道："(谈判)前途是光明的，道路是曲折的……而困难之克服，绝不是那么容易的事情。"虽然道路曲折坎坷，但只要怀着豪情万丈的心怀与必胜的信念，"天堑变通途"也只是时间问题。毛泽东赠送《沁园春·雪》一词，也许正是想要传达给柳亚子以及历经战火戕害的中国人民以这种信念和情怀。

通过这段描述，毛柳之间惺惺相惜的知音友情，毛泽东弥天大勇解救苍生

的担当豪情, 都在贾老师的激情讲述中淋漓尽致地体现出来。而且深情当中又有启发、有引导、有思考, 给学生更多的体验与收获。

一位听完贾老师讲座的学生谈到自己的收获时说: "贾老师对教学充满着激情, 从他的语言风格中就可以感受到。只有流露出真情才能真正地打动听众。饱含丰富情感的语言在教学中可以有力地感染和激发学生的情感, 一下子拉近师生的距离。当然, 语言也并不是空洞的, 贾老师正是有着丰厚的学识才能创造出优美的语言, 再加上他那声情并茂的表达, 可以说将教学中的语言艺术发挥到了极致。我在想, 为什么我的表达总是显得苍白无力。在这样的对比之下, 原因一下子显现了出来。"

贾老师的例证告诉我们, 令人难忘的历史课堂一定是全身心投入、激情荡漾且发人深省的。

综上可见, 历史教学的课堂语言是一门集科学性、思想性、教育性于一体的综合艺术, 它是教师从事教育教学的工具和武器, 历史教师一定要根据教学内容的需要, 恰到好处地运用自己的课堂教学语言, 追求语言表达的艺术性。

贾老师用语言为学生创造一个"知、能、情、趣、理、美"多位一体、水乳交融的教学境界。洪亮的京腔京韵, 用语言传递着爱憎、感染着学生, 使贾老师的课堂有了温度, 使每位学生在贾老师的课堂都听得津津有味、触动身心。

四、入情——运河两畔乡土情

研究发现, "智商可用来预测一个人的学业成就, 情商则可用来预测一个人能否取得职业成就或生活成功。情感是人所特有的, 属于精神的范畴, 精神在本性上不是给偶然事故任意摆弄的, 但它是万物的绝对的决定者; 它全然不被偶然事故所动摇, 而且它还利用它们、支配它们"[1]。纵观贾老师40余载教育生涯, 其专业情意的发展水平、状态和境界, 也取决于他的职业情感投入, 即表现出更为持久的乡土情怀和以校为家的归属感。

"乡土情怀是一个人对其家乡文化传统、人际关系以及生活方式的内在

---

[1] 王萍, 田慧生:《智慧型教师情意品质的发现与认同——基于智慧型教师成长的案例研究》,《中国教育学刊》2015年第3期。

认同。"①于贾长宽老师而言，乡土情怀是他"对家乡发展的关切、对家乡教育事业的热爱、对家乡子弟成长的关注、对同乡生存状况的忧虑等"②，"这些时常萦绕在教师心头的情愫将会转变为他们对本地社会、本地教育、本地少年以及本地民众的使命与担当"③。贾老师的乡土情怀是其安心在家乡从教，奉献教育事业的动力源泉。拥有浓厚乡土情怀的贾老师对这一方水土具有强烈的归属感。同时，他的乡土情怀自然而然能够转化为乡土教育情怀，使他关注本地教育事业的发展，并能就地取材，利用乡村社会中的各种文化资源对学生进行乡土文化教育。此外，贾老师的乡土情怀也是他作为历史教师的专业成长与自我完善的内生动力，是促进他全面发展最重要、最直接的诱因④。因此，激发贾老师的乡土情怀是促使他主动亲近运河文化、传承运河文化、焕发运河文化活力、获得专业成长以及自我完善的关键。

从教期间，贾老师曾经开设"运河探源"《大运河文化珍闻录——让世界认识通州》，将其乡土史研究成果以校本课、选修课的形式传授给学生。在传授知识的同时，贾老师也意在将自己专业情意中的家国情怀传递给学生，他曾说："谈到'运河探源'，大家觉得国家在'新时代'提出的发展新战略的关键词是什么？我认为是'绿色发展'。这些年国家特别重视环保、可持续发展。习近平总书记提出建设大运河文化带，其实就是新时代绿色发展战略的具体体现。这门选修课《大运河文化珍闻录——让世界认识通州》，就是为了响应通州区委、区政府建设运河文化产业带的号召，培养具有健全人格的潞河人，使学生获得亲身参与研究探索的体验，激发探索、创新的欲望，关注其赖以生存与发展的本地自然环境、人文环境以及现实的生产、生活，培养爱家乡、爱祖国的情感和社会责任感。"在校本课的基础上，贾老师还带领当时的高中史地教研组编撰了校本教材——《大运河文化珍闻

---

① 刘宇文等：《乡村振兴背景下乡村教师乡土认同的内在逻辑》，《武陵学刊》，2022年第1期。

② 朱芸：《唤醒乡土文化自觉：乡村教师的"回归"之路》，《教育观察》，2021年第10期。

③ 马多秀：《乡村教师的乡土情怀及其生成》，《教育理论与实践》，2017年第13期。

④ 钱芳：《地方性知识与乡村教师专业发展——教育场域的视角》，《教育学术月刊》，2018年第10期。

录——让世界认识通州》。在这本校本教材中，他以导游的视角，设计了从北京到通州的3条大运河文化旅游路线：一是京通水路泛轻舟，大运河源八景游；二是京通快速抵潞城，寻古九街石道行；三是轻轨风驰张家湾，张潮两镇名校园。旨在落实素质教育方针，培养学生的创新精神和动手能力；挖掘运河文化开放、创新、包容的深刻内涵，再现运河文化风采，让世界知长城也知运河，知运河而知通州。

退休后，贾老师笔耕不辍，一直投身于运河乡土史的研究、宣讲工作。

2020年3月，贾老师以《潮白河畔的千年古村》为题撰文，阐释了隶属于艺术创意小镇——北京市通州区宋庄镇下的大庞村，在古代的潮白河畔的形成历程。文中，贾老师从1965年大庞村出土的《高行晖墓志》入手，解析了上起东汉，下至隋、唐，北方的名门望族渤海高氏搬迁到幽州潞县（今通州大庞村）的来龙去脉。大庞村墓志铭文，字斟句酌，高度赞颂了高行晖的人格志向、才德荣誉与光辉业绩，以表孝子高崇文寄托哀思，激励后代，荣耀乡里之情。贾老师在文中特别强调：其一，大庞村有文字记载的历史，至今已有1213年，堪称千年古村；其二，大庞村具有忠孝传家的千年文脉，高行晖之子高崇文的事迹就是明证。字里行间带有"浓厚的地方文化色彩和乡土情味，读来不禁产生一股亲切感和认同感，不但了解到家乡人民辛勤劳动的结果和英勇斗争的业绩，更是体会到家乡的可爱和祖国的伟大"[1]。

红色资源承载着"中国共产党的宗旨意识、初心意识、使命意识，具有良好的政治引领、价值塑造、文化熏陶功能，是激发青年学生家国情怀与使命担当的重要抓手，是坚定理想信念教育的鲜活教材，能够为乡村教育振兴提供不竭的精神动力"[2]。2020年7月，贾老师以《京津冀平津战役的红色记忆》为题撰文，通过"西柏坡的妙算奇谋""北平地下党的秘密战""'围而不打''隔而不围'""蓟县谈判与杨柳青备战""宋庄村的平津前线司令部""御河桥二号与北平和平解放"等内容，环环相扣地为读者娓娓道来一段

---

① 袁丹等：《乡情教育：农村中小学校本课程开发与实践的新范式》，《中小学教师培训》，2012第6期。

② 马维林：《家国情怀视域下高中历史教学审美化建构》，《中国教育学刊》，2022年第3期。

在平津战役时期京津冀协同作战的峥嵘岁月娓娓道来。在文中，当贾老师讲到自己的家乡宋庄村时，饱含深情地介绍道："在宋庄村通怀路东侧、老政府路北侧，并列着两座三合院——这里就是赫赫有名的平津前线司令部旧址。此地原是王姓地主大院，建于民国初期。新中国成立后，这里曾经是宋庄乡、宋庄公社、宋庄镇的机关驻地，院门匾额上的'为人民服务'五个大字，彰显着中国共产党和人民政府的根本宗旨与初心。新中国的3位开国元帅——林彪、罗荣桓、聂荣臻，还有开国上将刘亚楼，就是在这里以高超的指挥艺术，完美地落实了中共中央的战略决策，速战速决解放了天津，和平谈判解放了北平，留下了首都北京浓墨重彩的红色记忆。"透过文字，我们能感到这位过耳顺之年的老教师对家乡革命传统历史的自豪与热爱。

2022年4月，贾老师围绕"世界文化遗产大运河""大运河漂来的北京城""'仓庾都会''水陆冲逵'通州城""《潞河督运图》赏析考证"四个层级，为首都师范大学师范生和研究生讲授了一堂精彩纷呈的专题讲座。

本次讲座最为精彩的是介绍与《清明上河图》相媲美的国之重宝——《潞河督运图》。"潞河督运"是指官员督察潞河的漕运。《潞河督运图》绘有各种人物共计820人。图上帆樯林立，河道两岸还有码头、衙署、店铺、酒肆、民宅等建筑，可谓琳琅满目，极富生活气息。"意味尤近乎张择端《清明上河图》之作，允为国家重宝"。卷尾处冯应榴自书题跋："此余于乾隆丙申（1776年）以考功郎中奉使坐粮时，倩京口江萱所绘潞河督运图也。"2020年11月1日，"舟楫千里——大运河文化展"，在中国国家博物馆面向公众开放。饱受争议的不朽画作《潞河督运图》真迹也出现在大展中，和以前展出不同之处是国博的说明词改了。《潞河督运图》是乾隆年间漕运盛景的生动写照。早期认为此图记录了通州潞河的漕运情况，近有学者研究认为，图中描绘的应是潞河尾闾天津三岔河口一带。[1]

贾老师从《潞河督运图》的背景地之争讲起，分别介绍了画卷的首段、中

---

[1] 人民日报海外版：《国博举办大运河文化展翻开大运河流淌千年的诗篇》，https://baijiahao.baidu.com/s?id=1682918280299608169&wfr=spider&for=pc，访问日期：2022年5月10日。

段和尾段。贾老师有着深厚的知识底蕴，以丰富翔实的史料为依托，不仅带领同学们辨析考证了有关《潞河督运图》的多处史实，更带领他们深入挖掘和体悟其中蕴藏的厚重的历史知识与多样的风土人情，欣赏了《潞河督运图》的文化之美。

关于《潞河督运图》描绘的背景地，历来备受争议，有"通州说"和天津"三岔河口说"两种观点。贾老师根据自己掌握的丰富史实，有理有据地提出了自己的观点。贾老师指出，画作首段的争议点在于"首段画的是哪儿的什么景物"，有"张家湾"和"海河右岸"两种观点。贾老师认为，该画作首段画的既非张家湾，亦非海河右岸。

理由1：据《通州志略》记载："白河之水自潮河川，而富河之水自白羊口，二水至州东北合二为一以入运河，沙嘴斩然如削，天造奇观也。"白河即潮白河，富河即温榆河，二水在通州城东北，今

《潞河督运图》①首段
清乾隆丙申年冯应榴倩江萱绘／长宽加注

北关拦河闸北侧汇流入潞河。自东北而来潮白河的流量大大超过温榆河，因此潞河又称白河。明代归有光《初发白河》诗："白河流水日汤汤，直到天津接海洋。我欲乘舟从此去，明朝便拟到家乡。"二水汇流处是潞河北端起点，水面相当宽阔，"整个北运河"哪儿也找不出"汪洋一片的"宽阔水面的说法太绝对了。

理由2：《潞河督运图》画的不是天津海河的皇船坞，而是通州潞河的皇船坞。通州潞河的皇船坞，在"二水汇流"处附近，即今北关拦河闸桥北侧潞河北端西岸。《通州志略》记载"柳荫龙舟"："城北五里许，河水潆洄，官柳民田，阴森掩映，黄艇十艘，彩饰龙凤之形，常泊于此，名皇船坞是也。"许多诗作描写了通州"柳荫龙舟"。例如，明王宣诗："御船连泊俯清漪，垂柳阴阴翠作围。"又如，清代天津著名诗人王维珍诗："柳堤飞絮白满天，低荫龙舟景缆牵。"明成祖朱棣迁都北京之后不久，就在此地建立了皇船坞，是宫廷专用码头。明清时期宫廷御用物品需要向江南购置，就在这里发船或由此转运至京城。清代《畿辅通志》记载："皇船坞，按（康熙版）《州志》，在北门外，永乐间设船十只，

曰水坞殿，属工部董理，五船轮往江浙织造，今仍旧。"《通州文物志》记载，1960年建北关拦河闸桥施工时，"此处曾发现有不少条石，很可能皇船埠码头就位于此处"。《潞河督运图》证明，皇船坞就在此处，即今北关拦河闸桥北侧潞河北端西岸。

理由3：皇船坞东侧画的是烟墩，不是炮台。《顺天府部杂录·边防考》：通州境有烟墩五："曰召里店、烟郊、东留村、大黄庄、高丽庄。"烟墩是烽火台的俗称，是古代用于点燃烟火传递重要消息的高台。皇船坞的烟墩就是这种高台，它是通报敌情的重要军事防御设施。遇有敌情发生，则白天施烟，夜间点火，用以通报敌情。

理由4：海河"岸边停泊的船俨然是海船"的说法，与事实相悖。请看下图：皇船坞附近的船是什么船？

▲《潞河督运图》
皇船坞附近的船

▲宋应星《天工开物》
书中行驶在大运河上的漕船

冯应榴自书题跋："图中往来船舫，系于运者十之八九"，"其一二瓜皮艇，则稽察征榷之用，坐粮使者所兼司也"。意思是说，图中的船十之八九是漕船，十之一二是坐粮使厅兼司的稽察征榷用的瓜皮艇。

"漕艘之中，植两樯，而扬帆掟舵衔尾以进或已泊如鳞比者为重运。卷帆抽舵以尾推行者为回空。"意思是说，图中竖两桅杆扬帆的是"重运"漕船，卷帆的是"回空"漕船，即准备返回的空漕船。

比较上图"重运"和"回空"漕船，就是类似于《天工开物》书中的大运河上的漕船，而不是海河"岸边停泊的海船"。

根据以上分析，贾老师提出《潞河督运图》首段画的是潞河北端的皇船坞、烟墩、扬帆重运的漕船、卷帆回空的漕船与稽察征榷用的瓜皮艇。

贾老师严谨的治学态度，深深感染着每一位听众。尽管《潞河督运图》饱受争议，但是，在贾老师看来，大家的共同点在于：都热爱我们的大运河，都热爱我们的家乡！

最后，贾老师慷慨激昂地说："伟大的民族，创造了伟大的河流；伟大的河流，孕育了伟大的精神。高点定位，古今同辉。在新时代人民领袖'人与自然生命共同体'的旗帜下，通州的大运河正在成为世界上最美的运河！大运河畔正在崛起的通州新城，必将成为记录这一伟大时代的历史丰碑！"

讲座结束后，与会同学纷纷表示，贾老师用生动的语言再现了大运河的风风雨雨、历史变迁。今昔对比，让人不禁感慨历史这条不断奔涌向前的长河在北京这片土地上留下了多少痕迹。本次讲座让学生在仰慕贾老师深厚扎实的学识功底之余，还对其娓娓道来的讲课功力和对京味儿文化的热爱与探寻发出赞叹。

贾老师几十年如一日地投身到运河历史文化的研究与教学、宣讲之中，可见历史教师是"家乡教育的主要承担者，是乡土文化的传承者。在乡土情怀涵养中的历史教师专业发展，不仅为学校提供优质教育资源，还能为乡土文化与乡村社会发展注入生机活力"。[①]

教师的学校归属感则是"教师在学校这个社会环境中感受到被他人接受、尊重、包容和支持的程度，即教师对学校的一种嵌入感"[②]。在我国，高中是"基础教育过渡到高等教育的重要阶段，也是学生知识积累的关键时期。高中教师在学生学习过程中扮演着关键角色，但繁重的授课要求、严格的升学指标等因素给高中教师带来了不小的职业压力，使其更容易产生逃避、倦怠等心理。有研究发现，教师的学校归属感越强，其工作绩效越高"[③]。学校归属感

① 朱芸：《唤醒乡土文化自觉：乡村教师的"回归"之路》，《教育观察》2021年第5期。
② 古德诺·C：《城市青少年学生的学校动机投入与归属感》[Z].美国教育研究协会年会，1992年第4期。
③ 杨丽芳：《小学教师组织公平感、学校归属感、工作绩效及其关系研究》，广西师范大学硕士论文，教育学部，2016。

强的高中教师可能会更好地促进学生学习与发展；反之，学校归属感淡漠会造成教师教学动力不足，教学质量不高。因此，和谐的校园文化是巩固历史教师专业情意的精神支柱。

校园文化，即"学校各种文化生活形式的总和，包括学风、教风、学术活动和文体活动等"。①研究发现，校园文化对于教师职业道德的影响是显著的，校园文化可以起到无形的约束、熏陶、激励与推动的作用。②

贾老师所在的学校是百年名校潞河中学，该校既保留了深厚的历史文化积淀，又有着与时代同步的教育气息。北京市通州区潞河中学创办于1867年。一直以来，潞河中学坚持以培育和践行社会主义核心价值观为工作主线，以培植文明素养、塑造健全人格为主题，力争把学校建成"学生幸福成长的生命乐园、引领师生健康文明生活的首善之地、德智体美劳全面发展的社会主义建设者和接班人的培养摇篮"。

在潞园，一砖一瓦是文化，一草一木能育人。像文彬路、绍棠路、仁之楼、黄昆楼等用潞河校友命名的校园道路和楼宇在校园随处可见，而学校的党史陈列室清晰地记录着通州第一个党支部的发展历程。在潞河155年的办学历史中，涌现了大批为人民解放、民族独立献身的革命先驱和为新中国建设做出卓越贡献的各类人才。现在每年的新生入学教育、清明节祭奠革命先辈、潞河溯源等活动，都会让每一位潞河学子了解潞河红色历史、教育发展历史，激发学生继承先辈革命精神，努力担当起新时代的历史使命。通过开展"创文明校园，做文明学生"的系列主题教育活动，将培育和践行社会主义核心价值观的要求与潞河中学"一切为了祖国"的校训、"爱国、乐群、自律、修身"的校风有机结合，使学生在日常中能自觉践行社会主义核心价值观，感受新中国伟大建设成就，增强学生的民族自豪感和使命感。

贾老师的教育理念深受潞河中学历史传承和爱国精神的感染，故而在教育教学中不断为学生涵养家国情怀，以学校校园环境为依托进行爱国主义教育。贾老师一直强调，教师的个体教学一定要和学校的方针政策和发展需要

① 于根元：《现代汉语新词语词典》，中国青年出版社，1994，第1004页。
② 王健：《和谐校园文化建设对促进教师专业发展的影响》，《教学与管理》2007年第11期。

相契合，这样不仅利于工作的开展，也是对学校文化的传播和传承。无论是贾老师所投身的教学工作还是培养学生健全人格的探究，或者开展"运河探源""新疆历史探究""大陆对台政策的历史演进"等校本课，抑或公开课的讲授，都是很好的证明。教学与学校发展密切相连，形成一股合力，校荣我荣，双向奔赴成为一种相互成全。

此外，校园文化"虽没有行政手段的强制性、经济手段的刺激性，却能在教师生活中显示出巨大的渗透性、持续性和稳定性"[1]。一所底蕴深厚、历史悠久的学校，应该在"物质文化方面，突出校园的育人理念，彰显校园的文化个性，让师生在物质文化环境中感受美、发现美，启迪思想、陶冶情操、升华情感，充分发挥物态环境无声的育人功效；在制度文化方面，要以人为本，努力搭建教师成长的平台，让学校成为教师成长的沃土；在精神文化方面，营造良好的文化氛围，让美丽的校园凸显出浓厚的人文关怀，用一种人文精神来凝聚教师的思想，引领教师的行动，实现学校与教师的共同发展，使教师在宽和的组织氛围中不断实现个体发展，从而推动学校整体目标的实现。同时，一所有历史、有内涵的学校，还可以增强教师的成就感、归属感和安全感，使他们能够安心工作"[2]，自觉地将学校作为自己专业成长的精神家园。

在潞园，富有青春活力的音乐时常从校园广播中传来，每天不少于一个半小时的课外活动让学生得到及时休息与放松；在潞园，一草一木都发挥着育人功能，学生们为校园的古树制作二维码介绍古树信息，潜移默化中增强对生命的尊重意识。"潞河的协和湖一年四季有不同的变化，对这些湖面周边环境以及湖水的观测，其实就培养了学生的自然科学探索的精神，在不知不觉的过程当中，自然地就形成了一种可持续发展的观念。"[3]

除了培养学生的综合素质，学校还加强教师队伍建设，在近300名专任教师中，正高级教师、特级教师、学科教学带头人等专业化教师占比百分之三十。

---

① 李春玲：《学校管理视野中的教师发展》，《教育发展研究》，2006年第3期。

② 许国彬：《加强校园文化建设，努力构建和谐校园》，《高教探索》，2006年第3期。

③ 通州区文明办：《通州：爱国乐群自律修身，打造通州新时代文明校园》，https://baijiahao.baidu.com/s?id=17074929116630631647&wfr=spider&for=pc，访问日期：2022年5月5日。

这里为学生提供丰富多彩的各类课程，既包含国家课程，又包含资优学生的实验课程，还有每学期70~80门的社会、科学、文化、艺术、体育、劳技、综合社会实践、研究性学习等各类选修课程和活动课程；此外，还有针对新疆学生的民族课程和各类涉外课程，从高一年级开始选派经验丰富、业务精湛、严谨笃学的优秀教师任教。2016年，被评为通州区"中小学文明校园"、2015—2017年度首都文明校园；2020年，被评为首都文明校园。

在这样的氛围中，贾老师表现出了非同一般的"坚持"精神，能够围绕自己的教育信念、理想不懈努力。坚持是他一贯的工作方式和习惯，当没有辉煌的杰作，失败后仍远未成功时，他表现出不同寻常的专注。在鲜花和掌声中，他不会停止坚持不懈的步伐。他认为历史教育是一种坚持，可以脱离琐碎、沉重、枯燥的教育教学生活，安居乐业，使教育事业更加醇厚和充实。贾老师所在的历史教研室各位老师也是各尽其职，同事之间关系融洽，不争名、不争利，兢兢业业，勤奋努力。每一位老师的研究课，都是大家一起集思广益，争相出主意、想办法。和谐的校园活动使师生处于积极、乐观的文化氛围，感受到美好、清新、有韵味、有活力的文化气息。

在退休之际，贾老师深情赋诗：

"我本想轻轻地走，正如我轻轻地来，在潞河的镜波里，也有我难忘的情怀。静回首，三十三个夏去秋来，没有浓墨重彩，默默感激是我作别的告白。"

潞河情，乡土情，激发了贾老师对教育事业充满着热爱之情，为实现更为理想的教育目标不懈地努力，也使贾老师的课堂走出了课本，有了广度。

以上是对贾老师教育教学特色的一个初步总结。除了以上突出的特点外，还有善于使用电教手段、巧妙调动学生积极性、恰当运用史料教学等，限于篇幅，只能挂一漏万。

不同的人会有不同的特点，也会展现出不同的教学风格，不能强调千篇一律，这样也会让教学失去活力，没有生机。青年教师要以优秀老教师为榜样，更要千方百计地阅读学习，提高自己的知识水平，掌握丰富的素材，熟练把握教材内容，善于思考、总结与创新，不断提高课堂教学效率，这样才能创造出别具一格又符合自己实际的独具魅力的特色课堂。

第三章

笃志不倦：贾长宽老师的专业情意

第三章

笃志不倦：贾长宽老师的专业情意

我们在对贾长宽老师的专业发展之路进行梳理时，不禁产生一些问题：对于贾老师来说，专业成长道路上需要必备的专业知识和教学技能，那除此之外还有哪些因素能够促进教师的专业成长？教师怎样才能在日复一日的工作中找到自身价值并获得乐趣呢？要对这些问题进行回答，就需要深入到教师的教育教学实践之中，对教师成长过程中的行为进行分析，从教师的点滴生活中窥探教师的精神世界，获得教师灵魂深处的答案。

我们在对有关教师专业发展的相关资料进行查阅、整理、归纳之后，将研究重点定为"情意"，专业情意是贾老师专业发展道路上必不可少的因素。

教师专业情意是指教师对教育事业的情感、意识、态度、信念、价值观，它体现了教师对教育事业与自身发展的基本态度，影响着教师的价值取向、精神世界与行为导向，也决定着教师的工作质量与今后发展的方向与速度。具备良好专业情意的教师，有着愿意为教育事业奋斗终生的强烈使命感与关注学生身心健康、全面发展的责任感，它促进教师提升意志品质、主动创新发展。[①]我们希望通过对贾老师教育教学过程中言行和感受的关注，挖掘其教育生活中专业情意的内容和作用、对其专业情意产生的根源进行追溯。将专业情意产生的原因从个别推广到一般，为其他历史教师专业情意和综合素质的提升提供借鉴。

综合贾老师个人专业成长经历以及教育教学特色，我们将他的专业情意分

① 张丹：《"我以我心付童心"——一位小学语文教师专业情意的叙事研究》，青海师范大学硕士论文，教育学院，2012。

为教育信念、教育情感、教育意志三个方面。我们认为在这三个方面中，教育信念对贾老师的作用最为显著，在教师专业发展过程中居于较高位置，是贾老师教育教学活动的精神支柱，在贾老师教育教学活动中发挥着激励作用。

一、教育信念——笃挥胸墨育英才

瑞典诗人托马斯·特朗斯特罗姆（Tomas Transtromer）说："人总要相信些什么，才不会度日时跌入未知的黑洞里。"[①]在心理学意义上，信念可以理解为个体对有关自然和社会的某种理论观点、思想见解坚信不疑的看法，也即一个人对自己生活中所遵循的原则和理想的深刻而稳固的信仰。[②]信念一旦确立以后，就会对人们的心理和行为产生深远的影响，决定着个体成长和发展的方向、速度和效果；同时，某种信念一旦动摇或瓦解，便是人们精神崩溃和行为退化的开始。[③]

教育理想的建立离不开教师明确的教育信念，教育信念即"教师在对教育工作本质理解基础上形成的关于教育的观念和理性信念"[④]。教师要想实现自我完善和发展需要拥有教育信念和教育理想，每一位教师都应该有属于自己的教育信念和教育理想。从事教育事业的教师的教育理想应该有方向有目标，它是教师勤奋工作、努力探索的动力来源，它将服务社会和教师自我提升的价值取向相结合，是教师价值观最根本的表现。[⑤]任何教师要想取得较高的成就，必须有崇高的理想信念，只有树立起这样的目标，自己的思想和行为才能有所依据。

中学历史教师的教育信念是"在教育信念基础上的扩充，首先信念的主体是中学历史教师，他们所秉持的教育信念须在教育或历史教育的范围之内，并

① 丁永辉：《2016年高考作文预测之"信仰"构思与演练》[J].《新作文(高中版)》，2016年第5期。

② 俞国良、辛自强：《教师信念及其对教师培养的意义》，《教育研究》2000年第5期。

③ 何翼：《当前教师评估问题的思考》，《成都中医药大学学报：教育科学版》2006年第2期。

④ 叶澜：《新世纪教师专业素养初探》，《教育研究与实验》1998年第1期。

⑤ 何丽丽：《优秀语文教师的专业情意研究》，首都师范大学硕士论文，教师教育学院，2004。

与教育或历史教育相关联。历史教师的教育信念与其所处的社会文化背景密切相关，深受时空因素的影响。这是教师对历史教学、教育对象、教育教学理论和教学实践所持有的不可动摇的观点。这些观点通过自身的认识、判断、情感、意志等因素共同影响着教师的思想和行为"[1]。

贾长宽老师的专业发展道路，是一名优秀历史教师对历史教学的理解和对自身教师职业的认同所铺垫出来的。贾老师对于历史到底要教什么和如何才能发挥历史课程的作用进行了深入的研究。贾老师经常思考历史教育的意义到底是什么、怎样才能促进学生全面发展。贾老师在教育教学过程中，通过教育伦理因素、认知因素等内容的影响，逐步形成了自己的教育理想和教育信念，也在教育理想和教育信念的影响下不断取得可喜成绩。在长年的执教生涯中，贾老师形成了对教育本然价值的"确信"，而这种"确信"也是贾老师对教育的情感认同和精神诉求，内容为对历史教育的尊崇、忠诚与执着。它是贾老师行动的指南针，使贾老师在教育教学中具备良好的精神状态。贾老师形成的教育信念既是行为的潜在动力，又包含着对教育理想境界的思考。

（一）增智扬善助发展

学生学习历史到底有什么作用？历史教学应该是什么样的？历史教师应该教给学生什么？如何教好历史？怎样才能成为一位对学生的终生成长有影响力的历史教师？历史教师常常会对这些问题感到困惑，许多老师临到退休也没能想清楚。比起这些问题他们更关注学生的成绩，对这类问题没有进行更多的思考。但优秀的历史教师应不停地自觉追问自己这样的问题，这些优秀的历史教师在产生疑问时会主动进行思考，从教育教学和生活多方面来寻找答案，虽然对这些问题最终也没能彻底解决。但是他们在积极思考和寻求改变的过程中能使自己不断获得提升，在思考和实践的过程中也能不断明晰自己的教育信念和教育理想。在这个思考探索的过程中，教育信念和教育理想也在指引着他们走上成功的发展道路。

在贾长宽老师的历史教育历程中，从生存关注阶段到任务关注阶段再到

---

[1] 李瑾：《北京市中学历史老教师教育信念形成的生活史研究》，首都师范大学硕士论文，教师教育学院，2022。

自我更新阶段，都在不断追求教育智慧。概括来说，他所追求的教育境界就是"上善若水、诲人不倦、立德树人、宁静致远"。而这期间每个阶段的转换与升华，都是一次较长时间的自我反思和调整。例如，初入教学领域，贾老师凭借在工作中的勤奋努力和一定的悟性，取得了一些成绩。但是他并未浅尝辄止就此满足，而是及时总结教学经验，提炼实践性理论，让理论进一步指导课堂教学的开展。[①]可见入职之初，贾老师对自己的职业发展规划就没有止步于成为一名"工匠型"的教师，而是不断朝着"专家型""研究型"教师的方向努力。

2007年秋季，北京市将进入新一轮高中历史课堂教学改革。4月份，贾老师执教高一年级，提前使用岳麓版新课标新教材，圆满完成了《国共合作抗日》这一试教录课任务。在教学反思中，贾老师对新课改背景下自己产生的历史教学理念进行了表达："求真"，即尊重历史，追求真实；"增智"，即通过学习，使学生增强历史意识，汲取历史智慧，增长见识；"扬善"，即弘扬爱国主义精神，陶冶关爱人类的情操，使学生逐步形成辩证唯物主义的历史观和科学发展观；"助发展"，即有助于学生人格的健康和谐发展。[②]这种理念一直贯彻于贾老师的每堂课里。

贾老师常说："教书育人的确是件十分辛苦的事。"诚如孔夫子所言，"逝者如斯夫"，教师用心耕耘的辛苦甘甜，已流逝于时间的川流中。但贾老师坚信，晓之以理、动之以情的点滴教导，将汇成波涌浪叠的惊天洪涛，总会在某一时刻于学生心中产生共鸣、震颤。

贾老师对历史教学的深刻理解不是一蹴而就的，是其在教育教学和生活体验中所获得的，贾老师在自身成长和发展过程中，逐渐领悟到教师不是为考试而教，学生也不是为考试而学，教学只是为了感悟历史的深厚底蕴[③]……贾老师所产生的这些教育观念与普通教师所追求的教育教学已经有明显的区

---

① 何丽丽：《优秀语文教师的专业情意研究》，首都师范大学硕士论文，教师教育学院，2004。
② 贾长宽：《"国共合作抗日"教学实录与教学反思》，《中学历史教学参考》2008年第3期。
③ 王枬：《教师之魅——关于教师职业美的研究》，华东师范大学博士论文，教育学部，2000。

别，贾老师的教育观念影响着他的实践活动、知觉和判断，并对其教育教学态度和教学活动产生影响。对教育工作进行意义追寻是优秀教师的必经之路，通过对这些问题的探索能使教师的自我意识更加清晰，为他们的教育教学工作提供强大的精神动力。

（二）三大法则育新人

教师不仅塑造未来一代的健全人格，也塑造着未来世界的灵魂。苏霍姆林斯基说过："你不仅是活的知识库，不仅是一位专家，善于把理智财富传播给青年一代，并在他们的心灵中点燃求知欲望和热爱知识的火花，你是创造未来人的雕刻家，是不同于他人的特殊雕刻家，请谨记，你手中还紧握着雕刻的刀子和利剑……教师要在长时间内用心灵来认识你的学生的心思集中在什么上面，他想些什么，高兴什么，担忧什么，这是我们教育事业中最细腻的东西，如果你牢固掌握了它，你就成为真正的能手。"[①]教育的对象是人，是一项需要直面学生并提高学生生命价值的事业。中学阶段，既是学生身体发育和智力发展的关键时期，又是学生理想萌发和世界观形成的关键期，处于这一阶段的学生需要教师不断启发、引导，因此，教师需要对学生的心理世界进行关注。优秀的历史教师会对学生各方面的成长加以关注并终生践行，他们对每位学生都给予关注，本着"以人为本"的原则来教育学生，站在学生的角度来思考问题，用发展的眼光看待学生。

在贾长宽老师看来，教师对学生的爱是师德之魂，是一种把全部心灵和才智献给学生的爱。那么，在教育教学过程中，如何把师爱融入其中，培养出德智双全的阳光少年呢？对于这个问题，贾老师亮出了他的"三大育人法则"。

其一，"了解学生，宽严有度"。他认为，了解学生是沟通和传递师生情感的渠道，所以每接一个新的班级时，他总是马上查阅所有学生的材料，与他们进行谈心，并对部分学生进行家访，以此加强师生的沟通，达到师生间的"心心相印"。然而，爱学生也要讲原则，要做到宽严有度。所以，在整个教育过程

① [苏]苏霍姆林斯基：《给教师的建议》，周蕖等译，长江文艺出版社，2021，第8页，第150页。

中，贾老师都会从全面发展的高度去严格要求学生，而不会一味地放纵学生。

其二，"真诚、尊重与平等"。在教育教学中，贾老师对待每一位学生都平等真诚，他对教育事业秉持着忠诚热爱的态度，对待学生诚心诚意。他认为："只有尊重人，才能感化人。"所以，他不但尊重学优生，还把更多的爱给予学困生，为他们创造机会，使其赢得尊重和认可。同时，他以平等的态度对待生生、师生之间的关系。贾老师说："没有平等就没有爱，没有爱就没有教育。"

其三，"以学生发展为本"。贾老师认为，一种模式适不适应具体的情况，关键看此种模式适不适应学生的学习情况和特点。"任何一种创新都必须关注现实，在开始探索'四步导学模式'之初，我就注意研究和了解学生，认真去调查学生喜欢什么样的历史课堂，喜欢什么样的历史教学方式，通过怎样的方式才能够既引起学生学习历史的兴趣又提高历史学习的成绩。"为此，贾老师在工作中通过各种方式了解学生，包括了解学生的学习状态、学生喜爱的学习方法、学生爱听怎样的课、学生平常喜欢的事物等。在充分了解的基础上，贾老师再结合实际情况在实践中进行改进和创新。保证自己的历史教学既照顾学生的喜好，又能符合教育教学要求。"四步导学模式"正是在贾老师对学生充分理解的基础上建立的，如果没有了解，就盲目行动，结果只会适得其反。

在日常教学中，他还经常补充贴近学生生活的资料，具体、生动地讲述历史名人事迹，旨在增加意趣，涵养学生的历史情怀。贾老师还指导学生看教材，思考史实间的联系，旨在让学生感悟历史的内在逻辑关系。通过补充历史资料，使学生形成史料实证、论从史出和尊重科学的态度。例如，上文中的"新文化运动"一课，贾老师就通过边问边讲，师生共同总结中国先进分子探索救国强国之道的过程，使学生能够理解和认同中国先进知识分子所选择和接受的马克思主义，是救国的真理，选择马克思主义也是中国历史的必然。由此可见，贾老师将历史唯物主义教育渗透于教学始终。此外，在准备一节400人观摩的公开课过程中，贾老师为充分调动学生的积极性，组织学生为高中世界历史教材中的古代人物编写小传。将有计算机特长，又对历史感兴趣的学生，组成电子教材编制小组，分组指导学生，使各组利用课外小组活动时间，负责编制一课电子教材。学生制作的集字、图、音、像等多种信息于一体

的教材课件，既反映出学生的艺术修养，更体现出学生积极参加创新实践的热情，达到了渲染气氛、创设情境、增强学习兴趣、激发求知欲的效果。在潞河中学接受北京市首批高中示范校评估验收时，上级领导和专家们对这节课中学生编制的历史人物小传给予了高度评价，该课也因此入选了优秀教学案例集锦。

（三）挖掘潜能无止境

教师要促进学生的全面发展，就需要理解、尊重、关爱和解放教育对象，重新认识和发现学生。在实际教学中还有不少历史老师沿袭传统观念，在教学方法上主要采用"满堂灌"和实行"题海战术"，较少顾及学生的感受。从贾长宽老师的事迹中可以看出，他的学生观紧跟时代要求，不断更新和完善，对学生给予了深切关怀，并把学生发展放在首位。在他的眼中，历史教学最重要的是人格教育，无论是组织学生编纂电子教材、撰写人物小传，还是走出校园考察家乡历史、文化景点，贾老师都在着力培养学生自主学习和深度学习的能力，使学生在此过程中形成自信、自立、自强的性格。为了能使学生获得更好发展，贾老师不断进行理论学习，并将所学习到的理论应用到教学实践中。他所创立的"四步导学模式"步骤清晰，又环环相接，不但能帮助学生建立清晰的认知结构，促进其思维能力的发展，又在课堂当中充分发挥学生的主体地位。这一教学实践模式的建立和应用是贾老师辛勤努力的结果，看似简单，实际却需要有很高的专业素质要求。贾老师在对"四步导学模式"进行实践过程中，不可避免地会遇到各种各样的问题，面对问题贾老师总是想办法、想好办法解决。

贾老师介绍道："有的学生跟不上'四步导学法'的节奏，我就会给予特殊的指导，帮助学生充分认识'四步导学模式'的步骤；有的学生自以为历史课背背就可以了，无论老师采用什么样的方法、什么样的模式，他都无动于衷，面对这种学生，一味地劝说，甚至责备是没有用处的。于是我在课堂上就有意识地提出一些思维难度较大的问题，让这一类型的学生回答；慢慢地，学生认识到，原来历史课并不是那么枯燥乏味和简单的，其中蕴含着许多值得思考和不易思考的问题，而要解决这些问题只有靠平时的认真积累和积极听课思考。有的学生知识不系统，我就在课堂中时刻提醒他们注意建立自己的知识结构等。"

可见"四步导学法"不单是四个步骤，关键是运用智慧把这四个步骤有机地联系起来，让学生在每一步骤上都有收获。做好这些需要教师在运用模式的时候具备较强的灵活性，通过自己的教学智慧化解课堂中的疑难问题，让"四步导学法"适合大部分学生的学习习惯，发挥这种教学模式的最大功效。

贾老师对学生全面、和谐、自由和充分持续地发展的关注，不是停留在教育概念上，而是感受到学生生命的价值，自觉转变自己的学生观念，并在教学中积极地实践。革新总会有压力，为了自己的追求，自然也会遇到各种压力，但是贾老师却凭借这种坚定的教育信念，将压力转化为不断探索的动力，在关注学生生命的同时，"也体验着灵魂的年轻，觉察着生命的涌动，品味着身心的进步"[1]。

老师心里有学生，学生也会看在眼里、记在心上。2012届内高班学生米力可·萨迪尔曾经很有感触地说："要是让我说'学历史的感受'，我会说'我没有学历史而是在学历史老师'。不可否认刚开始我最讨厌历史，我认为学历史根本都没用，但是后来老师改变了我。那天，贾老师对我说'虽然语言方面有困难，但是相信你能学好历史，甚至超过内地同学'。我无法表达我当时的感受，老师的话像一束阳光穿过了我的心，像微风一样温暖了我的心，我发誓一定要好好学习历史，不辜负老师的希望。老师，要不是您，我可能不是现在的我，其实我一直不是在学历史而是在学您，老师辛苦了……"

亲其师，信其道，正确的学生观决定了良好的师生关系，成为我们进行教育教学的重要保障，还有利于民族团结的加强。

马斯洛所提出的需要层次理论认为："人的需要共有七个层次，需要中的前四个层次是缺失性需求，这些需求一旦得到满足，那么对人们行为的激发作用就会降低。后三个层次是成长性需要，这些需求很少得到完全的满足，但如果这些需要得到了满足，它们对人们行为的指导作用不仅不会降低，反而会为

---

[1] 叶澜：《教师角色与教师发展新探》，教育科学出版社，2001，第100页。

个体行动提供更有效和更持久的动力。它能促进个体尽力完成自己认为有意义的事情，在完成个人发展区内的工作之外产生更高的追求，能充分地发挥自己的潜能。而教师的教育信念就位于教师自我实现需要的层面中。"[1]从贾老师的个人教育经历不难看出，教师拥有教育信念后，便不会将教学作为一种单纯的营生手段。拥有教育信念的教师认为从事教育是有意义的，甚至是神圣的，他们会对教育事业产生真挚且持久的情感，在进行教育教学时会竭尽所能并有所创新。教育信念会为教师提供源源不断的动力，激励教师不断追寻专业发展的更高境界。

二、教育情感——芝兰馥郁续春秋

贾长宽老师在给青年教师的寄语中，特别强调"热爱"的重要性：

热爱你自己，脚踏实地。世界上从来没有什么救世主，要创造人类的幸福，全靠我们自己。

热爱自己的专业。马克思认为，贯通古今中外唯一的科学门类就是历史系。

热爱自己的学生和教育。仁者爱人，以探究育人为乐趣，功在当代家国，利在千秋大计。

热爱自己的国家和民族。她是如此顽强与秀丽，厚德载物，生生不息，万世一系，多元一体。

作为一名人民教师，丰富的情感投入是必不可少的。上善若水，我国著名教育家夏丏尊指出："教育上的水是什么？就是情，就是爱。教育没有了情爱，就成了无水的池，任你四方形也罢，圆形也罢，总逃不出一个空虚。"[2]教育事业中需要爱，如果没有教师对教育事业的热爱和对学生的热爱，那就不可能发生教育行为，产生教育效果。

敬业爱生是一个教师情感投入的最起码标志，教师之所以优秀的原因之一就是他们把教育看成自己的重心，他们在教学这一"园地"中辛勤劳作，用心

① 李瑾：《北京市中学历史老教师教育信念形成的生活史研究》，首都师范大学硕士论文，教师教育学院，2022。

② 胡振开：《教师实用心理学》，吉林教育出版社，1988，第158页。

培育祖国的"幼苗"。他们以从事教育事业为荣，以所教学科为乐，他们对教育活动充满热情，具有极高的责任感、使命感和不断积极进取的精神，对平凡的工作怀有一种严肃的、敬畏的情感，从内心深处感到这一事业的博大和精深，全心全意地付出和奉献，把从事教育工作当作一种幸福的生活方式。贾老师的教育情感就是基于敬业爱生而衍生出来的，对教育的博爱与无私、对历史的热爱与敬畏、对社会的责任与担当、对国家的赤诚与忠心……

（一）钟爱教育——衣带渐宽终不悔

历史教育事业无上的光荣和自豪。教育是关乎培养人的崇高事业，它赋予教师神圣的使命："教师在培养青年人方面肩负着至关重要的使命，要使他们不仅能满怀信心地迎接未来，更能自觉而负责地建设未来。"[1]教师职业的伟大与崇高带给教师光荣与自豪的感受，激起教师对职业的进取，他们"用自己的青春和热血谱写着辉煌的教育诗篇，以自己的忠诚和执着维系着绵长的文化繁衍，以自己的希冀和神往描绘着斑斓的成长手记，以自己的理念和崇敬铸造着未来的人杰"[2]。在教育事业中，教师们从中得到了鞭策，也获得了发展，他们所产生的一切劳累都是基于为了促进学生成长和提升而主动寻求的，所以，他们非但不觉得辛苦反而以苦为乐，甘之如饴。他们在职业活动中表现出博大的胸怀、坚定的意志、坚强的锐气，都体现精神的超越感，是一种崇高的精神人格。

历史学科在教书育人的活动中起到尤其重要的作用，优秀历史教师会自觉地充分感受到历史教学的厚重与意义，他们在工作时也得到了智慧的滋养，在自己的行为中展示了崇高的精神人格，我们在贾长宽老师的自述中看到，他对历史饱含深情，将自己的力量都献给了历史教育事业，在别人看来是单调而又烦琐的教学生活中，他却乐此不疲，心中充满了骄傲和自豪。

在三尺讲台耕耘了一辈子的贾老师，在青年时就萌发了献身教育事业，一辈子当一个优秀中学教师的职业理想。贾老师自己介绍："我一直认为职业不分高低，无论做哪一行工作，都应该干一行、爱一行，行行出状元。无论哪个行

---

[1] 叶澜：《教师角色与教师发展新探》，教育科学出版社，2001，第120页。

[2] 同上，第121页。

业，只要选择了，就要认真地去对待。自觉担当尽责，坚持创新实干，总会在工作中取得点滴成绩的。教师工作的确是平凡职业，但是，每当自己精心准备的课得到同学们和老师们的肯定，就会觉得自己有成就感。特别是学生对自己真诚的赞扬，使自己感觉到从事的职业又不平凡——青春阳光，冠压群芳。有责任有担当的青春，一定会闪出不平凡的冬日暖阳。"

从这段话可以看出，贾老师对工作一直都是十分认真、努力尽责的。"正是由于自己对教学工作的热爱，从工作开始，我就努力探索行之有效的教学方法。虽然这个过程有些困难，但是自己觉得很有意思，遇到问题也总是乐于积极寻找解决的方法。因此，我一直认为如果自己想在某个方面有所建树，首先必须学会热爱这个工作，只有热爱它，才会产生创新的意识。"正是这种对于工作的由衷的热爱，促使贾老师在实践中不断钻研、不断进步。热爱源于意识，只有自己怀有一种积极向上的意识，才能知道去热爱，懂得怎样去热爱。

贾老师常说："我就觉得对学生最好的人就是他的老师。老师是最无私的，没有任何的私心，就一门心思愿意自己的学生好。"在回忆自己班主任工作时，他感慨道："因为班主任是代表学校和家长管理本班学生的教育者，是本班学生成长的保护者、引路人、总负责人，所以说，青年教师当班主任，别推辞、别抱怨、别畏难，班主任工作肯定对教学工作有帮助，当然，要投入的心血和精力的确也是非常大的。但咱们既然选择了教师这个职业，就应该把它做得有声有色、有滋有味。最起码，自己要觉得干得有点意思。"

刚担任潞河中学历史教研室组长时，贾老师就一直思考如何干出点有影响、市区公认的成绩来。"干部干部，就得先干一步。像校本课程建设之类的就是自己带头干，讲明白这背后的重要意义，引导组里教师自愿干。"2002年，贾老师是史地教研组组长，兼任高二（8）班班主任。当时年级里有3个文科班。由贾老师提议，3个文科班合作，设计了大运河文化实地考察课程，各班举办成果展示，并编撰校本教材。此后，贾老师又围绕大运河文化设计了一堂市级观摩课，在当时被誉为典型的素质教育案例，对潞河中学当选首批市级示范校起到重要作用。

历史教学的工作确实又苦又累，普通教师只看到了这些苦、这些累，而优秀历史教师的感受却是如同贾老师所说："教师工作的价值，很多时候不能用物质来衡量，为自己的教学费时间和精力设计，回过头来看，做出成绩，不也很有成就感、很有乐趣嘛！接到教学任务，你愿意干就好好干，别老是患得患失。我这几十年在教育教学上有点成绩，大体就是秉持着这样的心态来做的。"而这种对教育事业、对学生的爱支撑他永远向前。"作为一名教师，能让学生爱上你的课、喜欢你这个老师，是很有职业幸福感的一件事。举两个例子，一个是从教多年学生喜欢上我的课，说我是'单田芳第二'，我感到很自豪；另一个是2004年全校学生投票，我以最高票数当选为'爱生标兵'，这是我从教以来特感荣幸之事。"

贾老师说："我觉得从事历史教学是一件特别有意思的事情，总是想各种办法把它做好，把课上出自己的特色。"凡是与贾老师共过事的教师都有感受，他衣着简朴，饭菜简单，从来不在吃穿方面浪费一点点时间，更不会背后去议论别人的飞短流长。相反地，每当与其谈论起教学问题时，贾老师总是非常高兴，打开话匣子就是滔滔不绝。除了教学与学生之外，几乎不太在意其他的事情。

有一次贾老师出差，看到同事都在为子女挑选生肖挂件，便也想为女儿挑选一件，可是回到家才知道，他为分明属猪的女儿，挑选了一只小狗。2015年，贾老师有了小外孙，家里添了小宝贝，全家人都忙得团团转。同组老师问他为家里做了什么工作时，结果贾老师说："我不在家吃饭啦！"采访的时候，笔者想让贾老师的女儿从家庭的角度来提供一些文字，贾老师脱口而出："那就算了吧，我在家里表现不好……"

一个个故事令人忍俊不禁。工作家庭难两全，一个人的精力毕竟有限，一心扑在教学上，致使在家庭生活中对爱人和女儿的投入就会受到影响。把那么多的时间精力投入在教学与学生身上，却缺失了对女儿成长的见证。好在爱人和女儿都非常支持贾老师的工作，良好的家庭氛围下，女儿从人民大学毕业后也一路发展顺利。

（二）敬畏历史——以史为鉴知兴替

对于为什么要学习历史，贾长宽老师有着深刻的见解："可以说，历史饱含了

一种民族的精神在里面。如果不懂历史就无法体验这种精神,这样的一种共鸣是爱国情感的升华。""通过学习中国的历史,将其与外国史相对比,我们更能了解中国的伟大,这种伟大就在于面对艰难困苦,我们百折不挠。学习历史可以让中华儿女、炎黄子孙懂得我们与其他民族最根本的不同之处就在于我们的民族文化兼容并包和无与伦比的民族凝聚力。可以说,有着深刻中华民族历史意识的中国人是中华民族的脊梁。"可见,教师之所以优秀是因为他们有着对教育事业热爱的情感,对待工作严肃、敬畏,他们从内心深处感到这一事业的博大和精深,需要自己全心全意地付出和奉献;同时,也需要自己不间断地学习和提高。

贾老师回忆,由于家庭原因他在工作后没有选择继续读研深造。对他而言,这是一个遗憾,"我们那个时候的研究生很少,要是自己当时读个研究生,在学术上的影响力就可以更大一些"。但是,贾老师对历史专业的钻研与投入却体现在工作和生活的方方面面。

贾老师认为,唯物史观是指导中学历史教学的灵魂、根基。在大学时,他非常认真地学习过唯物史观,为了更好地理解改革开放以来对毛泽东的历史评价、邓小平理论,他认真研读过艾思奇著的《大众哲学》,认真研读过马克思、恩格斯、列宁、斯大林、毛泽东的选集原著,目的是学习他们如何阐述唯物史观,如何用唯物史观分析实际问题。

历史教师每个学期都很忙碌,贾老师是"干什么,研究什么",利用寒暑假提前完成备课——讲好每节常规课,打好教学基本功——一个学期讲好一节展示课(每学期要好好利用区教研员视导或者市区联合视导的契机)——如果准备的这堂课得到了专家的肯定,会好好反思一下哪块做得出彩、有亮点,再收集一下学生的反馈,或从学业评价的角度或从教学活动开展的角度,总之,选取某一个角度入手总结成文。他常说:"对中学教师而言,写东西要扬长避短,从实践出发,从案例出发,这样写出来的东西才能有感而发,言之有物。"

身边的人都知道贾老师有个习惯——听收音机。其实不仅是听评书之类的,贾老师每天必听新闻联播与国际新闻。他感到新时代手机自媒体上的信息量很大,但是也很混乱,久而久之人们看到的往往容易是片面甚至负面的东西。贾老师常说,历史教师要关注中央台的新闻联播、国际新闻,知道咱们中国每天都有什么变化、进步，国际局势到底怎么样，这样才能"胸怀祖国，放眼世界"，与时代同步。

这种敬畏还表现在贾老师一如既往的谦虚和谨慎上。在实习教师或者青年教师听完贾老师上的每一节课后，贾老师总会问他们对课的看法，如果发现了某些不尽如人意的情况，总会说："这个问题以后得注意。"遇到一个百思不得其解的疑难问题，贾老师也总愿意与年轻人一起去探讨，并且鼓励年轻人大胆提出自己的观点。

贾老师的专业成长道路与改革开放以来的时代发展相伴而生。改革开放以来，历史教学经历了由最初强调政治思想教育、重视基础知识的掌握，到21世纪初对学科能力的加强培养再到今天的关注学生的核心素养，从而更好地促进学生的全面发展。在这个过程中，贾老师也在不断地与时俱进，努力探索与追求，有意识地构建了清晰、理想的教育理念。这种对专业的敬畏成为他从事历史教育活动的支柱，成为投身教育活动的激励力量，决定着他从事教育活动的原则性和坚韧性。他凭借着这种对历史、对教育事业的温情与敬意，在工作中转化成主动性、积极性和创造性，指引着自己在教育教学工作中进行不懈的奋斗。

（三）担当责任——位卑未敢忘忧国

教师责任是社会及其群体对教师个人职业角色的期望，教师对这种期望的认同与承担就是教师的责任感。[1]俄国著名教育家乌申斯基说过："教师是克服人类无知和恶习的大机构中的一个活跃而积极的成员，是人类历史上一切优美和崇高事物与新生一代之间的桥梁。"[2]当一个教师认识到自己的命运是和祖国、和社会以至于和整个人类的命运紧密相连时，就会感到自己面对的是青涩天真的孩子，背靠的是强大的祖国，肩负的是社会交付给他的一副重担；就会感到自己具有一股无穷无尽的力量；由此产生的责任感和使命感必然会在教师的内心深处升腾。作为一名优秀的历史教师，贾长宽老师对待教育教学有着高度的责任感。对历史教育到底是什么也有着自己的理解，他明确自己的教育使命，在教育活动中做到了尽心、尽力和尽责。

---

① 叶澜：《教师角色与教师发展新探》，教育科学出版社，2001，第55页。
② 陈永明：《现代教师论》，上海教育出版社，1999，第352页。

　　贾老师常说，位卑未敢忘忧国。他自认就是一介草民，草民关心国家大事并不为过。"天下兴亡匹夫有责，作为老师，怎么就不应该关心国家大事？从教书来讲，这就是仁者爱人、立德树人的出发点与基础。"在他看来，教师秉持这个立场去教学生，是对学生最大的爱。

　　立德树人，关注人格教育，让学生能够主动发展、全面发展，是贾老师对班级管理工作的追求。他认为，班主任最重要的品质是组织能力与教育能力。在组织方面，他借助"量化评比"，激发学生比、学、赶、帮、超的精神，"班级管理一旦形成制度、形成风气、激发起学生心里那股子劲头了，很多事情不用你忙前忙后，学生自然就做好了"。另一方面就是做好班集体的教育工作。贾老师很重视上好班会课，他常说班会课得让学生有收获，他会利用班会讲学法指导、讲国际形势、讲中外历史，以此培养学生的集体意识、主人翁精神。

　　在贾老师的回忆中，有一件令他感到遗憾、引发他反思的事例，就是曾经有一届班里两个孩子公开早恋。思想比较传统的贾老师，当时把两个孩子叫到办公室谈话，结果学生和贾老师的关系渐行渐远。对此，贾老师感慨道："后来发现凡是这种事私下谈话效果都不好，班主任可以在班集体里大面上说，但不能针对个人，而且得照顾学生的自尊心。"

　　如今的社会科学技术急速发展，现代信息技术也渗透进大众的日常生活，技术的意识已经成为一种难以察觉的社会意识，对我们的生活产生深度影响。新时代生发新机遇，也无疑面临新挑战。"如今大国博弈的形式不再是硬兵器的撞击，而是采用相对隐蔽的、软性的、温和的意识形态渗透方式，看似多了安定与和平，实则暗流涌动、深不可测。社会思潮的兴起与发展即是和平演变的一种'高级'手段。当前各种社会思潮的兴起已司空见惯，越发呈现出'合流之势'，即多种社会思潮相互结合施加影响，主要表现在一是个人主义与极端思潮相结合，二是民粹主义与民族主义、自由主义、历史虚无主义等密切结合。民粹主义打着'民意'的旗号煽动民众的负面情绪，故意抹黑党和政府形象，并恶意挑起恶劣事件等。"[1]社会思潮的合流之势又通过互联网平台侵蚀着青少

---

[1] 刘新华、王肖东、张秋辉：《爱国主义教育的新时代逻辑》，《河南科技学院学报》2021年第8期。

年群体的人生观、价值观与世界观，对爱国主义教育造成严重消解。那么，面对课堂上学生对历史的偏激看法与质疑，贾老师是如何引导、处理的？

在中国近现代史教学里，贾老师常说："这段历史已有定论，而且整个历史发展走向特别明朗清晰。历史教师还是应该摆正位置、讲明立场的，中国共产党能成为新中国的执政党，是历史的选择、人民的选择。如果人民教师净教给学生那些负能量的东西，弄得学生不认同自己的祖国、不认同中国共产党，这种教育还是人民教育吗？还是成功的教育吗？"在他的记忆中，有个学生在学到解放战争毛主席转战延安的时候，指着课本上的一幅照片问：为什么毛主席骑马，别人走着？这个问题其实暗指毛主席搞特殊化，没有和士兵同甘共苦。当时，贾老师就也指着照片对他说，你看毛主席和其他人比谁年龄大？按年龄说，这些士兵都可以称毛主席为爸爸。一个小伙子能自己骑马，让他爸爸走着吗？学生若有所思道，的确不能。接着贾老师讲解道，解放战争是一场关乎中华民族命运的大事件，当时毛主席身边的人，为了让毛主席有精力领导全国人民取得胜利，吃再大的苦也乐意啊！

贾老师说，引导比较偏激的学生看待历史现象，"堵不如疏"，要动之以情、晓之以理，在历史情境下，让他们理解前人。在贾老师的历史课堂中，爱国主义教育是"遵循人的思想形成与发展规律来开展的，即从'知、情、意、信、行'五个维度依次推进。其中，认知教育是基础，认知的明晓有助于情感的深化；情感的深入有助于实现自发向自觉的转化，推进质的飞跃，形成坚定的意志；意志的长期磨炼能够促进信仰的树立与坚定；坚强的意志、坚定的信仰更能增加个人的主动性，促进行为的践行"。[①]

说起教师时，我们常常想到"春蚕到死丝方尽，蜡炬成灰泪始干"。这说明教育事业具有奉献性，而奉献性要求教师具备一种博大宽厚的"教育情感"。但这不是一种朴素直接的情绪流露，而是"一种纯净无私的合乎理智的情感，是通过理性培养起来的一种普遍的高度的责任感"[②]。从以上贾老师的

---

① 刘新华、王肖东、张秋辉：《爱国主义教育的新时代逻辑》，《河南科技学院学报》，2021年第8期。

② 叶澜：《教师角色与教师发展新探》，教育科学出版社，2001，第190页。

教育故事中我们可以看到，他不仅充分认识到自己作为教师的责任，并将此建立在清醒、理性的教育意识与教育行为上，真心实意地关心关注学生的成长，懂得使用教育理性和教育智慧的力量，注重自我造就，懂得及时更新自己陈旧的教育观念。把责任变成完全自愿的行动，随时准备对学生的需求采取行动，尤其关注学生的精神需求，为学生做出榜样，这是优秀教师能履行其责任与义务的巨大力量。

（四）家国情怀——一寸丹心图报国

贾长宽老师从教生涯中一直把涵养家国情怀贯穿到学生教育当中，从其公开课课例选取的《新文化运动》和《国共合作抗日》等课题中便可略见一斑。

比如，贾老师曾经在2012届高二年级开设的《新疆历史探究》校本课，目的就是落实《民族团结教育指导纲要》，为了告诉学生"民族团结是各族人民的生命线"，引导学生关注国家的统一与中华民族的伟大复兴。贾老师一直认为历史课有责任让学生知道一个道理：国家统一与民族复兴的关系是密不可分的。

为了让学生更有感触、更有体验感，活动方式与内容采用了教师讲座与指导学生探究相结合。坚持趣味性、探究性的教育策略，与学生共同进行新疆历史探究。教师讲座主要是通过具体历史课题西王母传奇考辨、中华民族多元一体的主要成因、新疆少数民族的历史沿革等内容的探究，进行历史探究方法的指导。

学生成员由18名学生自愿报名组成（其中有17人是内高班的新疆学生），各自选择感兴趣的新疆历史人物进行探究。学生探究的成果，在教师指导下，编成《新疆古今人物传奇》。摘录目录如下：

1.远嫁乌孙的解忧公主（编者：米力克）

2.语言学家马赫穆德（编者：古丽娜孜）

3.哲理诗人玉素甫（编者：如克亚）

4.最早归信伊斯兰教的蒙古可汗（编者：米热扎提）

5.叶尔羌汗王朝的创建者萨亦德汗（编者：阿斯亚）

6.吐鲁番郡王额敏和卓（编者：吐送托乎提、玛尔哈巴）

7.哈萨克民族英雄（编者：卡吾卡尔、据力都斯、热阿依古丽）

8.禁毒先驱林则徐在新疆（编者：麦尔哈巴、阿依吐热木）

9.伟大的维吾尔族爱国者包尔汉（编者：阿依排日）

10.西部歌王王洛宾（编者：刘瑶）

11.为开发新疆出谋献策的贾那布尔（编者：麦迪）

12.新疆十大杰出母亲（编者：阿尔孜古丽、奴尼热）。

18位同学历时半年，出色完成了12篇传记。他们的触角涉及广泛，在亲身参与实践的过程中，"中华民族的历史是各个民族共同缔造的"这一观念根植于每一个孩子的心中。实践也证明，成功的校本课程的开设，是可持续发展的民族团结教育的重要途径。

同时，贾老师一直对其所生长的土地怀有深沉的爱，无论在日常教学、德育活动中，还是校本课堂上，一直心怀通州这片热土。在讲到乡土史教学对"家国情怀"教育意义时，贾老师说，爱家乡是爱国的具体化，让现在的孩子爱家乡并不是自然而然的事，光靠家庭教育、耳濡目染是不够的，这需要靠学校教育的引导与渗透。

为此，贾老师多年来一直在探索课程资源的开发与利用。2002年，他在高二年级开设历史研究性学习选修课：《大运河文化珍闻录——让世界认识通州》。

在这场通州运河文化考察中，贾老师"以学生的学习与发展为教学的本位、重点，以调动和发挥学生历史学习的积极性、主动性和创造性为核心，以学生的学习活动为实质性线路，以学生的自主探究活动为中心展开"①。事前他将通州运河文化景点细化，组织三四人为一组，利用一到两个周末的时间，结伴出去探究、考察一个景点。这样安排，既确保了每个组都能合作完成课题，又考虑到学生课余时间投入的可行性，不能影响学生的高考学习。贾老师为学生参加特色课提供便利与兴趣，还指导参与考察的学生到网上查阅资料。

---

① 周刘波：《家国情怀：教学意蕴与生成路径》，《历史教学》2018年第5期。

通过这一文化考察课程的开展，学生自主收集和辨别资料，并在老师的指导下完成校本教材《大运河文化珍闻录——让世界认识通州》的撰写。这次校本课程的规划与落实，无论是选题还是校内外资源的整合与利用，都是以学生的自主活动为主，这一活动既培养了学生收集、加工、处理、利用信息的能力，也发展了学生应用知识和解决问题的能力，真正实现了以学生为中心的教学。

贾老师说，他始终认为历史教育不是历史研究，中学教师不是大学教授，学生也不是个个要当历史系学生。历史教育除了得严谨、科学外，别太学术，还是得有滋有味、有趣有料，再加上分析问题入情入理，学生就乐意学。学生没兴趣听你讲，一切教育都是纸上谈兵。

三、教育意志——心念桃李总是春

"教师是经受职业压力最多的职业之一，并且教师的压力还有逐年增加的趋势。教师在社会、学校、学生、家庭等诸多方面的压力下，会逐渐产生职业倦怠心理，影响教学和自己的发展。"[①]想要有效摆脱职业倦怠，除了对教育工作怀有崇高的教育信念和充沛的教育情感外，还需要有坚韧的教育意志品质。

意志是一种心理过程，在这一过程中主体要自觉确定目的并以此支配、调节自己的行动，并在此过程中克服困难以达成预定目标，它对人的行动起到支配调节作用，具有自觉性、坚韧性、果断性和自制力等基本品质。教师的意志对教育工作的成败关系极大，教师为实现预想的目标，要自觉地克服教学之中的许多困难，为实现理想而不断变革实践，这需要教师有坚强的意志。

历史教育要使学生"进一步拓宽历史视野，发展历史思维，提高历史学科核心素养，能够从历史发展的角度理解并认同社会主义核心价值观和中华优秀传统文化，认识并弘扬以爱国主义为核心的民族精神和以改革创新为核心

---

① 孟凡森：《中学优秀物理教师成长的叙事研究》，东北师范大学硕士论文，物理学院，2006。

的时代精神，具有广阔的国际视野，树立正确的世界观、人生观、价值观和历史观，为未来的学习、工作与生活打下基础"[1]，当然这些并非一朝一夕就能奏效。教师特别应当看到，新课程的改革又对教师培养学生的素质提出了新的要求，可以说，历史学科的教师承受着比之前更大的压力。这就更要求历史教师具有坚定的意志和毅力，主动加强意志的自觉性、坚持性等品质的锤炼，使自己能够积极为实现历史教育目的而克服挫折，不断前进。优秀的历史教师要凭借心中坚定的信念和明确目标，依靠持续不懈与顽强进取的意志，有效地克服挫折，取得良好的教育效果。

（一）不待扬鞭自奋蹄

"吾生也有涯，而知也无涯。"习近平总书记也曾说："学习是文明传承之途、人生成长之梯、政党巩固之基、国家兴盛之要。"[2]教与学是一对不可分割的辩证关系，作为一名教师，要想更好地传承文明、带给学生专业知识，必然要树立终生学习的态度，认识到教育是一个动态发展的过程。同时，新的课程体系的变化也是与时俱进的，这要求教师不仅有过硬的专业知识，还要不断拓宽学习视野，并贯穿教育的始终。这是一名教师不断提升的重要途径，也是一门必修课，更是教育工作的基石。

贾长宽老师一直都是这样要求自身的，不断坚持自我更新与终生学习。

初入校园时，他虽然是恢复高考后的第二届本科生，但是他并没有自满，仍然以谦虚的态度不断向老教师学习、向书本要知识。刚分配到潞河中学时，贾老师向教学师父张继辉老师学习，贾老师曾经不止一次地提及张老师的帮助，可见张老师对他的影响之深。正是有了张老师的指导，贾老师才开始在历史教学当中有了头绪，并开始有了自己对于历史教学的思考。但是倘若贾老师身上没有那种孜孜以求的学习精神，碰见再好的老师也是没有用处的。

---

[1] 中华人民共和国教育部：《普通高中历史课程标准（2017年版2020年修订）》，人民教育出版社，2020，第1页。

[2] 中央广播电视总台央视网：《共产党员习近平——坚持学习、学习、再学习》https://m.gmw.cn/baijia/2021-05/26/34876789.html，访问日期：2022年5月10日。

除了向老教师学习外,贾老师一直都保持着良好的读书习惯,从教育学科知识到历史学科知识等,贾老师都认真地学习。他常说:"学习教育学知识有助于自己在教学、管理方面的提升,学习历史知识,有助于对历史的深刻解读,提高学生学习历史的兴趣。"不断学习、不断读书,不但使贾老师积累了丰富的知识,更为重要的是为他的教学模式找到了一个理论框架,并且把这个框架充实起来。

在史观引领方面,贾老师一直都在进行唯物史观与马克思列宁主义观点的深入学习。这为贾老师历史教学中唯物史观的贯彻打下了坚实的基础,也提供了可靠的理论依据。反观当今多数青年历史教师面对核心素养中的唯物史观时难以突破的困境,不难认识到我们应该像贾老师一样,从教师实际出发精读具有代表性的原典,例如《共产党宣言》等,拓宽学习视域才是解决教学问题的最根本途径。

在历史教学方面,贾老师说:"作为一名历史教师,一定要注意学科专业知识的积累,如果自己的专业知识太薄弱,那么对教材的解读和把握就会存在困难,甚至出现错误。在此基础上的历史课也会停留在照本宣科的水平,很难有什么新意可言,如果这样的话,学生学习历史的兴趣就会越来越低,最终厌弃历史课。在大学学习阶段,我虽然积累了一定的历史学知识,但是在工作后,发现如果要上好一堂历史课,凭借那些专业知识是不够的,或者说那些历史知识仅是停留在记忆别人观点的基础上,没有形成自己对历史的观点和感悟。针对这个欠缺,在工作之余我就有意地读些历史教科书之外的专业著作,吸收一些新鲜的历史观点,而且在阅读的过程中也十分注重自己对某些历史事件、历史人物的看法。有了一定的积累之后,当自己再备课时,就会有许多新的想法和观点冒出来,对教材的挖掘就能更深了。更加重要的是,自己能从教材中发现一些具有思维深度的问题,让学生去思考。"贾老师虽然在大学时期积累了大量的历史学知识,但是他并没有满足,而是结合高中教学的实际,重新去扩充自己的历史知识,拓宽自己的历史思维,力图让自己的历史课成为一种有血有肉的课堂。

是不是作为历史教师只要懂得历史知识就可以了?贾老师认为:"历史是

一门包罗万象的学科，作为一名教师除了在本学科方面要具备丰厚的知识外，还要积极地了解和学习其他学科方面的知识，不要求很专业，但起码要博。如果没有对其他学科知识的相当程度的了解，历史课堂往往会变得单薄和脱离现实。"贾老师一直保持着看新闻、听广播、看报纸等习惯，遇到一些自己不知道的新事物，他总是要注意一下，甚至记在本子上。正是这种不断积累，因此，在贾老师的课堂上总能听到一些新鲜事，总能解释一些似乎只有其他学科科班出身才能解释的现象。

从教多年，贾老师坦言："个人不能改变世界，但能改变自己。干工作不能斤斤计较、患得患失。"刚工作时当班主任补贴就8元钱，但贾老师从没抱怨过。即使在退休之后，贾老师也在学校号召下坚守自己的教学岗位，被返聘1年，给初一年级代课。长期在高中教学的贾老师，非但没有掉以轻心，还利用暑假认真研读初中历史课程标准，琢磨部编版教材，虚心向初中部的青年教师询问初一年级学情等问题。开学之后，贾老师的历史课毫无悬念地成了学生们最喜爱的课程之一。

在教育教学理论方面，贾老师强调："作为一名教师一定要懂得一些教育学、心理学知识，并且把这些知识运用到实践当中。开始工作时，我想有点突破，但是找不到方法和途径。后来我精读了学校发给教师的《学校教育学》，重读了大学时发的《心理学》教材，受益匪浅。尤其是书中的建构主义心理学理论，对自己的启发颇大，在课堂管理、提高学生学习效率方面也受到了很大的启示。有了理论上的指导后，我就开始琢磨怎样把理论运用到实践当中去，从此开始了适合自己特长的教学模式的探索。"

贾老师读书是怀着一种研究探索的心态去读的，更重要的是贾老师时刻想着把理论应用到实践当中。"既然知识结构如此重要，我可以在课堂中通过某种方式帮助学生建立知识结构。""后来我就尝试把知识结构写在黑板上，结果学生反应普遍不错。"

贾老师在实践中检验理论，改进理论，使之不断完善。"有了一些成绩之后，我又开始琢磨让学生更好地学习好教材知识。我知道，单纯地讲授是不可能实现历史教学目标的，于是我就开始有意识地在课堂中设计问题，让学生

自己学习、解答。"贾老师也不总是一味地为某种理论叫好，而是会想哪些理论更适合自己的教学。尤其是记忆规律和情景教学理论，以提高教学质量为目标，进行了"六步教学法"的尝试。在尝试中，贾老师从理论到实践，不断改进和完善该模式，最终整合为更加简洁、成熟的"四步导学"的模式。因此，可以说，"四步导学"模式的建构来源于多种理论指导下的教改实践。

在历史校本开展方面，除却对历史教学知识的深入学习外，贾老师还自主探究了关于中国少数民族史和大运河历史的相关内容，并开设"运河探源"、《大运河文化珍闻录——让世界认识通州》、"新疆历史探究"，将其研究成果以校本课、选修课的形式传授给学生。在传授知识的同时，贾老师也意在将自己专业情意中的家国情怀传递给学生。他曾说："我开设的另一门校本课《新疆历史探究》，则是因为新疆问题是关系到民族团结的大问题。毛主席曾说过：'国家的统一，民族的团结，这是我们的事业必定要胜利的基本保证。'毛主席对民族问题的分析那是极其精辟深刻的。中国共产党早在民主革命时期就非常重视处理民族关系，例如刘伯承和小叶丹歃血为盟。现在习近平总书记也说：'民族团结是各族人民的生命线。'①总之，选题方面还是得选利国利民、意义重大的课题。"

在教育技术方面，贾老师也是在学习中不断地与时俱进。贾老师是潞河中学较早把现代教育技术应用到教学中的教师，这是他在不断学习中，在媒体技术发展潮流中结合高中历史课教学实践所做出的大胆尝试。贾老师始终认为一堂有血有肉、生动翔实的历史课，离不开对文字材料、图表地图、音视频材料等历史材料的运用，在黑板上写板书不仅花费时间，还难以进行直观表达，而运用多媒体技术就可以节省时间、提高课堂效率。

教师不断自我更新的意义不仅仅是向学生传授知识，还要以一种个人的方式体现自己所传授的知识，这就体现了专业情意的落地与转化。研究表明："教师知道什么以及怎样表达自己的知识对学生的学习至关重要，教师知识

---

① 内蒙古自治区中国特色社会主义理论体系研究中心：《习近平：民族团结是各族人民的生命线》，http://theory.people.com.cn/n1/2017/0609/c40531-29329154.html，访问日期：2022年5月10日。

的深化是促进他们自身学习和发展的主要途径。"[①]这也是将教师自我学习的理论知识转化为本土化教学策略的重要实践之路。

这样一位不断更新自我、不断超越自身的老教师，为学生树立了优秀工作者的榜样。俄国教育家乌申斯基指出："教师个人对青年人心灵的影响所产生的教育力量，无论什么样的教科书，无论什么样的思潮，无论什么样的奖惩制度都是代替不了的。"[②]所以，在严格育人的同时，贾老师对自己也提出了爱要正己，为人师表的要求。他坚持育人得先正己是每个教师必须遵循的教育法则。贾老师始终坚持以真心育真人，得到了同学和家长们的广泛认可，并被评为学校和通州区的"爱生标兵"。一名学生在给他的信中这样写道："您是我遇到的最好的班主任，您不仅教会了我博大精深的历史知识，更给予了我尊重和自信，教会了我如何做人。"

贾老师对教学工作一直秉承谦虚、谨慎的态度。30余载的辛勤耕耘，贾老师始终抱定为教育事业无私奉献的信念，在教学教研等方面取得了一个又一个成绩。由于成绩突出、贡献卓著，他先后获得北京市"紫禁杯"优秀班主任、通州区名师、北京市优秀教师、教育部全国模范教师等光荣称号。但是面对取得的累累硕果，贾老师没有停滞不前，而是心怀感激。他真诚地说："我的成长离不开学校创造的广阔舞台，没有潞河中学深厚的文化底蕴和良好的教育教学氛围，就不会有我今天取得的成绩；我的成长离不开悉心指导我的恩师张继辉，虽然他已离世，但他那高尚的师德、严谨的治学风范，为新中国的教育事业默默奉献一生的精神，永远是我学习的楷模。"贾老师常说："一个人的价值不在于从事什么行业，而在于他在这个岗位上做了什么。身为人民教师，我能做的就是认认真真地教学，踏踏实实地做人，为教育事业倾尽自己全部的心力，仅此而已。"

---

① [加] F.迈克尔·康内利，D.琼·柯兰迪宁，[中]何敏芳等：《专业知识场景中的教师个人实践知识》，《华东师范大学学报（教育科学版）》1996年第2期。

② 江汉玲、宋晓东：《班主任角色期望对学生素质培养的影响》，《卫生职业教育》2004年第10期。

（二）千磨万击还坚劲

所谓意志的坚持性是指"能长时间地专注和控制行动去符合既定的目标，具有顽强精神而不是意志薄弱"[1]。历史教学要教给学生知识和技能，更要涵养学生的心灵、培育他们的家国情怀，这是一项长期而艰巨的任务，优秀的历史教师在教育行动中为了实现教育理想和信念，总是进行了持久不懈的努力奋斗。

1998年，市区两级政府把潞河中学定为北京市首批全国示范验收校之一，这为百年老校的再次腾飞提供了前所未有的机遇，也提出了更为严峻的挑战。为迎接挑战，把素质教育落到实处，潞河中学制定了《1999—2010年发展规划》。《规划》确定的培养目标是具有健全人格的潞河人。什么是人格？健全人格的特征是什么？如何进行健全人格的评价？如果这些问题不解决，人格教育就没有明确具体的目标；单纯以考试成绩评价学生的现象就难以克服；加强素质教育的设想就难以实现。

这一年，贾长宽老师担任高二年级主任，为了解决这些问题，贾老师身先士卒带领本年级班主任教师，申请了《"九五"国家级重点课题——整体构建学校德育体系的研究与实验》的子课题，结合校本实际，对健全人格的评价问题进行了探索与实践。他将班主任工作中量化评比的实践经验推广到整个年级，在高中班级贯彻实施素质教育的规划，加强和改善德育工作，即用评价来调控学生行为和心理的健康发展，使之成为具有健全人格的时代新人。经过一年的实践探索，贾老师于1999年撰写《普通高中学生人格评价研究实践》一文，获全国教育科学"九五"国家级重点课题"整体构建学校德育体系"学术研讨会一等奖。

在三尺讲台前，贾老师深知，历史课会让学生们从中提升自己的精神境界，站在历史发展的高度看待国家兴衰、社会百态。多年以来，他努力钻研业务，勇于创新，坚持教学与教研结合，德育与教研结合。贾老师想要让学生们爱上历史课，但空有一腔热忱是不够的，更要有效的方法。贾老师在教学中，

---

[1] 何丽丽：《优秀语文教师的专业情意研究》，首都师范大学硕士论文，教师教育学院，2004。

以"求真""增智""扬善""助发展"为目标，回归学生主体地位，通过对激发兴趣、课堂设问、成就期待等策略的灵活运用，让课堂变得高效而生动。他认真地对待每一节课，引导学生进行历史学习，带领他们走进荡气回肠的历史世界。

贾老师在教学实践中"注意协调各项策略，以支持教学活动有序开展，从而达到使学生学会学习、学会做事、学会做人的既定学习目标"[1]。他的"四步导学法"让历史课真正地告别了枯燥的死记硬背，所有听过他讲课的人都交口称赞他的历史课堂"生动幽默、分析深刻、重视人格"，是首都历史教育中的佼佼者。

从贾老师以上的教育案例中我们看到，情感会产生信念并转化为意志，正是出于对学生的爱，优秀教师才不怕吃苦、不怕麻烦。意志让他们感受到与困难作斗争的勇气和力量，更增强了他们对历史教育的挚爱。"爱会产生智慧，爱会产生力量"[2]，正是这种爱的智慧和力量伴随着每一位优秀教师的教育探索历程，使他们在追求教育理想信念的道路上坚持不懈地走下去。

（三）静坐常思教得失

有老师说，教学30年不一定成名师，坚持写3年课堂教学反思一定成名师。贾老师的教学生涯就是不断反思的过程，例如，上文所提到的"四步导学法"就是从最开始的"六步教学法"发展而来的，是贾老师在一步步试错、反思、改进的过程中蜕变的。贾老师说："开始创建这个模式时，许多问题还是考虑得不够周到，然后每节课我都会注意模式存在的欠缺，比如在第三步的设计上，一开始我只注意设计一些简单的问题，问题之间没有层层的联系，问题设计缺少思考的深度，在课堂中我发现这些问题很难引起学生的注意和深层次思考，在以后的设计中我就会注意改进这些问题。"由此看出，没有反思的课堂是不会有进步的，任何一个想在工作中有所成就的人，都会时刻注意反思自己的思想和行为。贾老师创建了一种适合自己的模式，但是并没有停留下来，在模式的框架上和实施的细节上，都不断进行着反思和改进。贾老师告诉

---

① 尹同雪：《论中学历史教师的教学反思》，山东师范大学硕士论文，历史文化学院，2013。

② 李吉林：《我，长大的儿童》，《人民教育》2003年第17期。

青年教师："在教学中没有最好的时候，只有更好的时候，每一节课上完之后，都应该留点时间反思一下，找出值得发扬和需要改进的地方，只有这样才能收获属于自己的东西。"

学会反思是教师专业发展的重要因素。教与学的实践模式探索促使贾老师时刻进行反思，在反思的基础上不断改进。对待每一堂课进行细致的反思，在日常的课程中不断打磨自己，这体现了贾老师对历史教育的敬畏、对工作的责任与坚持。这种反思精神成为贾老师专业发展的重要因素。

贾老师对教学反思的重视还体现在他的学术论文中。他曾发表《"国共合作抗日"教学实录与教学反思》《"新文化运动"教学实录与教学反思》，从教学目标达成、教学内容和教学过程等方面，在课后反复打磨，将这两节课的优点和待改进之处一一剖析，这一优良传统也在潞河中学历史教研组中延续至今天，让潞河青年一辈历史教师们受益匪浅。

贾老师在开设《新疆历史探究》选修课后，总结反思民族团结教育校本课程的"三性"：

1.创造性。教师要创造性地开设民族团结教育校本设计课程，才能引导学生创造性地参与教学活动的过程，才能使教学活动的过程，成为学生发展认知、体验情感、磨砺意志，知、情、意、行得到协调发展，成为不断提升、不断创造的过程。

2.体验性。民族团结教育必须努力接近现实，为学生提供综合性活动，创设体验情境。民族团结意识、行为和习惯的养成都离不开学生的主体体验。

3.动态性。校本课程是一个动态的、逐步完善的过程。所以，教师在教学中，要根据学生的反馈意见以及教师在教学过程中的心得、反思，不断地修正课程。

教师的教学反思有助于教师教育理念的更新、情境知识丰富、教育信念重塑以及教育情感升华。正像贾老师在一段教学总结中写道："教书育人的确是十分辛苦的事。教之以心的辛苦甘甜，已消逝于宇宙深处；动之以情的育人之歌，则汇成波涌浪叠的惊天洪涛，会永远在学生的心中轰鸣。立德树人，任重道远；仁者爱人，育人为乐！"这里的每一个字无疑都体现了贾老师对历史教学的热忱和对学生的爱，这都是他在不断反思中生成的。

第四章

潜移默化：贾长宽老师的成长外源

第四章

潜移默化：贾长宽老师的成长外源

通过前面的分析我们可以看到，在一个教师的成长历程中，自身的努力、专业情意的养成，的确是直接影响教师工作积极性的主要内驱力。专业情意越高，专业发展的能力就越强，专业参与和表现就越突出。当然，一个人的成功，也离不开外在因素的影响。贾长宽老师在成长发展的轨道上，又受到了哪些外在因素的影响呢？

一、成长环境——风好正是扬帆时

在人的成长过程中，环境的影响是潜移默化且深远的。正因为潜移默化是非常漫长且缓慢的过程，所以悄然无声，不会引人关注。随着时间缓缓流逝，环境无声地塑造着为人处世之道。影响深远是说环境的选择对人的成长至关重要。"与善人居，如入芝兰之室，久而不闻其香；与恶人居，如入鲍鱼之肆，久而不闻其臭"，历史上的这种经典例证数不胜数。

（一）家风陶冶

1956年，贾长宽老师出生于通州区（当时还称通县）宋庄镇北寺村。相传，晚清名臣李鸿章曾在北寺村修大堤。村里有一座大庙，贾老师小时候在那里上学。那个年代家里往往孩子比较多，贾老师还有两个姐姐、一个妹妹、两个弟弟。

贾老师的父亲是瓦匠。1949年前在北京城里打工，等他记事后父亲已经是东城区房管所的一名技术负责人了，类似古建修复的瓦工活儿都会做。贾老师的母亲是农民，不识字，是位童养媳。可以说，贾老师出生在典型的工农结合的家庭中。

贾老师的爷爷是一家之主，全家人都听他的。爷爷年轻时主要是种地，还"挑大扁担"。什么叫"挑大扁担"呢？就是买一些锅碗瓢勺，挑着担子，沿潮白河走到古北口外去卖。一个来回就得几个月，去一趟赚的钱足够一家人开销几个月的。行商在外也学点防身的武艺，贾老师的爷爷个子高，还会摔跤，村里人都敬畏他，走到哪儿，都主动叫声"大爷"打招呼。等贾老师出生后，爷爷岁数大了，生产队就让他"看青"。什么是"看青"呢？就是在夏秋收获季节看护庄稼。这样安排，一是照顾老人岁数大了，二是干这活儿也得有点威慑力。

作为家里的长孙，贾老师的爷爷、奶奶比较"惯着"他。爷爷经常带他沿着潮白河大堤到离村儿16里的燕郊去赶集，有时也到离村儿20里的通州城里西海子公园玩，都是走着去的。小时候贾老师就跟在爷爷后头走，从小就对潮白河、大运河、燃灯塔等历史古迹有浓厚兴趣。

前苏联教育家马卡连柯说："家庭是最重要的地方，在家庭里面，人初次向社会生活迈进。"[1]贾老师的家庭生活也在潜移默化中一直影响着他日后的职业选择和价值取向。

（二）少年趣事

贾长宽老师小时候爱听评书，爱看故事书，爱游泳。

村里有个流水沟，长度有好几百米，宽也有150米以上，其实就是潮白河的一段小支流。就在那里，贾老师学会了游泳，再大一些游泳就去潮白河里了。那时候，潮白河往天津运水，怎么也得有200米宽。在里头游泳其实挺危险的，不过那时候年纪小就是想着玩，根本没考虑这个。

贾老师另一个爱好就是跑步。他常对学生说，你看，毛主席年轻时就喜欢在风雨里跑步。毛主席说："体者，载知识之车而寓道德之舍也。"贾老师上初中是从北寺村到宋庄中学，大约6里路程。那会儿没有自行车，就是跑去跑回。高中是翟里中学，离家8里路，也是跑去跑回。在初中和高中的宋庄公社（今宋庄镇）的运动会，400米、800米比赛多次获得过第一。后来贾老师身体素质一直不错，想来跟这个阶段的锻炼有一定关系。

---

[1] [苏]马卡连柯：《论共产主义教育》，陈昌浩译，人民教育出版社，1953，第380页。

贾老师的学生都说他是"单田芳第二",一讲课就带有评书味儿。后来回想,听评书对他讲课是有帮助的。讲课过程中穿插这么一小段一小段的"评书"演绎,可以增加课堂趣味。贾老师还喜欢京剧,当年样板戏诸如《智取威虎山》《沙家浜》等,都能唱上几段。

1965年,贾老师上小学一年级。当时他痴迷听评书到了什么地步呢?村里有个老街坊,爱看《三国演义》,不仅爱看,还一边看一边念,于是,贾老师天天晚上到他家去听"三国"。老街坊家有一个比他大一些的玩伴,也不管人家愿意不愿意,贾老师每天必到,当时真是上瘾。贾老师说,听评书《三国演义》对智力开发绝对有好处。后来,他也坚持让自己的侄子、外孙听"三国"。

1966年"文化大革命"开始了,那时贾老师上小学二年级。三年级以后,他和同学组织了"革命真理战斗队",在当时主要是去贫下中农家里做好事,给五保户表演文艺节目,宣传"文化大革命"。另外就是写大批判稿(大字报),学校和村里经常让贾老师写,结果写得还不错。特殊的岁月,虽然课堂上学到的东西不多,但是写作功底就是在那会儿练出来的。

1971年"九一三事件"后,毛主席提出"安定团结为好",周总理主持中央工作,提出"复课闹革命""学生应以学习为主"。幸运的是,贾老师就是这几年上初中的,而且遇上了一批好老师。他们都是"九一三事件"前,为办"林副统帅展览馆",特意从北京高校毕业生中选派到宋庄中学的,因为"平津战役前线指挥部"就是"林副统帅展览馆",就在宋庄中学附近。

(三)青葱岁月

初中毕业后,贾长宽老师到宋庄公社的翟里中学就读高中。1974-1976年,他上了两年高中。当时贾老师在班主任丁尔庆老师(后来曾任宏志中学第一任校长)的号召下,组织本村的上下届学生100多人成立了"为农创业队"。每周六组织一次为农业服务的义务劳动,把农业科技知识和党的方针政策通过村里的"大喇叭"宣传,还演样板戏,戏里贾老师演过男主角杨子荣。

1976年1月22日,贾老师在高中毕业时被审核批准为中国共产党党员,至今已经有46年党龄了。

高中毕业后贾老师回到北寺庄务农,同时,担任生产大队(村)的团总支书记、民兵连长、知青主任。那时候生产大队没有大学毕业生，高中毕业已经算是高学历了。村里人都知道他能说能写，为集体干活从不惜力。高中暑假到生产队劳动，扛一麻袋的小麦（大约180斤）。当时贾老师年轻，也爱逞强，后来才知道自己的腰肌劳损应该就是那时候落下的。不过应该也是这股子舍得花力气的实干劲儿，让贾老师在1976年年底顺利提干。

除了在村里务农，贾老师还有一个任务就是管理知青。当时村里有40多个知青，是从北京朝阳区八里庄过来的。贾老师给他们开会，讲"在农村的广阔天地大有作为"。与会的大队党支部负责人会后私下里说，这群大约和他同龄的知青"都听愣了"（听得入迷）。这些知青还联合起来给贾老师买了一个笔记本，封面上有鲁迅肖像，看得出来他们对贾老师还挺信服的。

在村里工作一年后，贾老师被提干到宋庄公社当团委书记。这件事在村里影响挺大的。然而，当公社团委书记的经历并不顺利。那个时候村里还是分派别的，之间有派斗。贾老师哪派也不跟，结果还是被人贴了大字报，上面写着"欢迎一个野心家到宋庄公社报到"，这件事对他的触动挺大的。

社会人情关系的复杂，工作对文化知识的需要，高考的恢复，多种因素使贾老师"弃政学文"，报考了大学，走上了教育工作之路。

年少，但是成长环境、兴趣爱好、多种经历，为他日后的教师生涯奠定了良好的基础。

环境对一个人的成长虽然不是决定性的，但是的确起着重要的作用，特别是在成年前作用更明显。家庭长辈的性格品行，家庭成员间的远近亲疏，父母的文化水平、见识和心胸不知不觉会渗透到人的血脉当中，决定着一个人的走向与成就。

成长过程中遇到的一些人，也会决定你的走向。贾老师童年时代喜欢读《三国》的邻居，高中时代的班主任丁尔庆老师，都使他对文史产生了浓厚的兴趣，养成了喜欢读书、对人友善的品性。所以，在成长过程中跟谁在一起就很重要了。

少年时代的经历，也是一笔宝贵的财富。游泳锻炼出强健的体魄，宣传稿件提高了书写能力，组织活动练就了领导力。须知功不唐捐，所有走过的路

都不会白走,所有流过的汗水都不会白流,它们会积淀成再次出发的动力与能量。

二、时代大潮——春来潮涌东风动

社会学家米尔斯曾说过:"个人只有通过置身于所处的时代之中,才能理解他自己的经历并把握自身的命运,他只有变得知晓他所身处的环境中所有个人的生活机遇,才能明了他自己的生活机遇。"①

时代的齿轮在不停地运转,每个人身上都会留下他所生活的时代的烙印。对我们每个人而言,我们何时出生、出生在哪个地方、我们今天处于人生的什么阶段、我们经历过什么以及正在经历什么,都与塑造我们的时代相关联。

"我刚好踩在了时代的鼓点上。伴着鼓点,我们行进,抵达了昨日之明日。"这是40多年前一个参加完高考的年轻人的肺腑之言。

1978年,这是恢复高考的第二年,贾长宽老师在当年的高考中成功考取了北京师范大学历史系,成为令人艳羡的天之骄子。虽然那一年的录取率只有6%,但是也毕竟有人能够通过学习成绩改变自己的命运。走过十年"文化大革命"和两年的徘徊,这一年可以说是发生了天翻地覆的变化:全国开展关于真理标准的大讨论,十一届三中全会胜利召开,改革开放提上了日程,各个领域逐步开展"拨乱反正"。仿佛积雪消融,春意盎然,一切都欣欣然张开了眼睛。

每提及这件事,贾老师总说,能够进入大学深造,是之前想都不敢想的,言谈中充满了对时代的感激。大学4年,贾老师如饥似渴地学习,大量地阅读、思考,想把前面耽误的读书时间补回来,为后续的职业发展打下了坚实的基础。

1983—2017年,贾老师在潞河中学工作的30多年,是改革开放逐步深入的时期。改革从农村到城市,也从经济、政治渗透到教育领域。贾老师经历了20世纪80年代末90年代初的"双基"(基础知识与基本技能),世纪之交的三维

① [美]C.赖特·米尔斯:《社会学的想象力(第3版)》,陈强、张永强译,生活·读书·新知三联书店出版社,2012,第4页。

目标（知识与技能、过程与方法、情感态度与价值观），直到《普通高中历史课程标准（2017版）》规定历史教学要培养学生五方面核心素养的目标和要求，在教材上经历了四轮的变化。还有电化教育方面，刚工作时就是一支粉笔一本书，然后有了幻灯片和自己手工绘制的胶片辅助教学，2000年前后，电脑、课件、多媒体开始了日新月异的发展。可以说切身感受到了数十年来国家在历史教育发展之路上的执着追求与不懈探索。

面对风起云涌的变化，有人牢骚抱怨，有人随波逐流，而贾老师则是迎难而上，适时抓住一次又一次的机会，勇立风口浪尖。1999年，撰写《普通高中学生人格评价研究实践》一文，在全国教育科学"九五"国家级重点课题"整体构建学校德育体系"学术研讨会上被评为一等奖；2003年，参与了岳麓版新教材必修一3课书的编写；2007年，为北京市历史新课程教师培训录制教学课例……有一件特别让人难忘的事：2000年，为适应新的教学情况，学校组织青年教师进行计算机培训，贾老师主动加入了进来，成为那次培训班年龄最大的一位老师，但却是学习最认真，制作课件最精美，应用到课堂中最迅速的。

生命如铁，不停地击打，就会迸发火花。成长如登山，不停地攀登，就能收获美景。在最好的年华里向着梦想奋力登攀，是人生最亮丽的风景；身处最好的时代，为时代发展贡献自己的力量，是生命最璀璨的光芒。

贾老师的教育思想，深深地刻下了时代的烙印。贾老师的教育专业情意、家国情怀和唯物史观始终贯穿着他的教育生涯，这自然离不开那个时代伟人思想的精神引领。

贾老师1978年参加高考，对他触动最大的是大学一年级一入学关于真理标准问题的大讨论。大学里讨论氛围很浓厚，但对受过"文革"影响的贾老师而言一时还有些不解。后来社会上又提出"全面准确理解毛泽东思想"，本着遇事搞懂的态度，他便开始回到原典，通读马列选集和毛泽东著作，这段系统阅读塑造了贾老师后来的世界观并影响到他的教学工作。

对于贾老师来说，毛泽东思想对他最有影响的有以下几点：

第一，人民立场，立场决定观点。毛泽东同志曾说："我们的共产党和共产党所领导的八路军、新四军，是革命的队伍。我们这个队伍完全是为着解放人

民的，是彻底地为人民的利益工作的。"①

第二，唯物史观。贾老师所理解的唯物史观是包含文明史观的。他说："马恩列毛，都强调历史唯物主义。简单地说就有生产力决定生产关系、占主导地位的生产关系又决定上层建筑，占主导地位的上层建筑又反作用于生产关系、生产力。其实这已经触及哲学层面了。以这个观点来分析历史、讲解历史，格局是比较大的，不是就事论事。马恩思想中最有价值的两个观点就是剩余价值与唯物史观。毛泽东思想就是很好地继承了唯物史观。"

第三，毛泽东思想的精髓，关于这一问题官方定论是实事求是，贾老师认为是以民为本、实事求是。他认为以民为本与以人为本强调的内容是不一样的。以民为本强调的是集体，以人为本强调的是个人。毛泽东思想是中国以民为本思想的集大成者。对于贾老师来说，实事求是是分析问题的一种方法、一种态度。毛泽东思想中对具体问题具体分析的阐释对提高贾老师的分析能力很有帮助。

同时，我国另一位伟人邓小平也对贾老师影响至深。贾老师在求学期间也不断地学习邓小平中国特色社会主义理论思想。邓小平的核心思想也是在他读大学的那个时代提出来的，即"解放思想，实事求是，团结一致向前看，改革开放"。这是对毛泽东思想的继承和发展，也是邓小平理论的智慧体现。我们坚持解放思想，开始实事求是地看待社会主义建设中存在的严重问题，否定了"以阶级斗争为纲"的错误路线。1978年12月召开的党的十一届三中全会，确立了"解放思想、实事求是"的思想路线，把党和国家工作中心转移到经济建设上来，决定进行改革开放。在此基础上，逐步形成了党的"一个中心、两个基本点"的基本路线。这就为中国社会主义建设事业的健康发展，为改革开放明确了方向和道路。

回忆这段往事，贾老师得出一个结论："咱们中国历史上最伟大的人物是一毛二邓。我说的是最伟大，当时一穷二白，一没钱二没权，那真是筚路蓝缕，毛泽东主席带领中国人民历经千辛万苦，建立了新中国，新中国成立之初又抗美援朝，真是不容易。当年靠的是一种霸气、一种精神。可是人老穷也不是个事儿。邓小平同志带领中国人民不惧千难万险，实行了改革开放，我们现在有钱了，这也

① 毛泽东：《毛泽东选集（第3卷）》，人民出版社，1991，第1004页。

是很不容易的。邓小平同志的伟大在于'文革'之后，为了中国人民不计较个人恩怨，团结一致向前看，使中国从动乱平稳过渡到改革开放。没有邓小平同志这个核心人物，很难实现这个平稳过渡。天下兴亡匹夫有责。咱们当历史老师的，那一定得旗帜鲜明。从教书育人来讲，站在人民的立场上，实事求是地评说历史，这不就是仁者爱人、立德树人吗？你秉持这个立场去教学生，就是对学生最大的爱。"

在时代变化社会发展的趋势之下，人们对自身的了解认识相对是缓慢的，希望我们能在这信息量剧增的社会中，快速地找到自己的热爱和意义所在，不至于漫无目的地狂奔，要在投身于时代的洪流中有追求，朝着自己想要的生活而努力奋斗。

今日的你，是否听到了时代弹奏出的激越高亢的音符？我们也在憧憬，伴着时代的乐音，从今日奔向美好的远方。

三、代际传承——全凭老干为扶持

贾长宽老师回忆在他入职潞河中学之初有这样4位老教师对他专业发展很有帮助。

他刚刚报到后印象最深的是两位老教师给新教师讲入职注意事项。一位老师是教授物理的杨立生老师，另外一位是通州区模范数学教师朱公显老师。他们的细心教导，至今令贾老师回忆起来都十分动容。贾老师说："杨老师人很聪明，他是潞河留校教师，讲课幽默，非常风趣。平时每周都打球。最后在退休时他说咱学校搞建筑，我能不能买一块砖刻上我的名字，把那砖搁进去。这就是一种精神啊！热爱潞河，以教为乐、以校为荣。朱老师就是另一种风格，兢兢业业、认认真真、实实在在，对底下的年轻老师绝对是提携。年轻教师能碰到一个全力提携你的老教师很幸运。这两位老师的讲述，对自己之后数十年的工作态度、专业精神的养成有了很大影响。"

入职之后，对贾老师历史教学产生重要影响的是张继辉老师和当时担任教研组组长的耿宝珍老师。

在2002年为庆祝潞河135年校庆刊印的《校友回忆录》中，我们找到了一篇贾老师写的文章。

回忆耿宝珍老师

贾长宽

19年前，一位满脸历史沧桑、声音特别洪亮的老教师，带我第一次走进了人民楼226号——潞河中学历史教研室，他就是耿宝珍老师。耿老师当年担任历史教研组组长，教学功底很深厚，曾参加过恢复高考后的第一年全国高考命题、编写教学参考用书等，在北京市历史教学界有很高的知名度。工作第一年我与耿老师同头教高一历史。从此以后，我从耿老师身上逐渐认识到潞河中学老教师所特有的气质和教学风格。

其一，高度敬业，挚爱教学。

我和耿老师共事7年，在这7年里，耿老师给我的印象就是一丝不苟。耿老师除了上课，几乎一整天一整天都在历史教研室，认认真真备课，认认真真写教案。他不断钻研业务，授课严谨生动、富有激情。他当组长身先士卒，对老师既严格要求，又注重营造宽松、和谐的工作环境，使我们组的老师团结协作，努力工作。

记得我刚到潞河工作的第二年（1984年，编者注），耿老师组织史地组的教师辅导学生参加学科竞赛。耿老师虽已年过半百，但工作热情却不亚于年轻人。经过耿老师和全组教师的团结协作，认真辅导，我校学生参加北京市中学生史地知识竞赛，荣获团体总分第二名。

耿老师从事历史教学30多年，他对历史教学的热爱是难以用语言表达的。记得有一年学校领导曾想让他当办公室主任，没有给他安排上课。耿老师知道后和领导讲：我离不开历史课堂，如果潞河的历史课不需要我，学校可以派我到农村学校教历史。

其二，人格教育寓于历史教学。

人格即个性。

为了培养学生的良好的人格素养，耿老师以激发学生的学习兴趣为出发点，用具体的、鲜明的历史事实去感染学生，以真情实感去打动学生。历史教学过程中可以引发学生学习兴趣的因素数不胜数：讲述红军长征时，慷慨激昂地吟诵

《七律·长征》；讲述文艺复兴时，饶有兴趣地赏鉴《蒙娜丽莎》；讲述巴黎公社时，正襟危坐地聆听《国际歌》的播放……在教学中，这些素材都化作兴趣的种子，深植在学生纯洁的心间，生长出对历史学习的浓厚的、极大的热情。

在激发兴趣的同时，耿老师还通过历史教材中崇高美好的形象，引导学生树立高尚的学习动机。从"匈奴未灭，何以家为"的英勇无敌的霍去病，到"人生自古谁无死，留取丹心照汗青"的赤胆忠心的文天祥；从"天下兴亡，匹夫有责"的气节高尚的顾炎武，到"甘愿为变法而喋血"的视死如归的谭嗣同；尤其是"五四"以来，历尽艰辛和磨难的千百万革命者，特别是英勇无畏的中国共产党人，为中国人民谱写了惊天动地的不朽诗篇。中华民族在艰苦卓绝的光辉历程中，涌现出许多可歌可泣的英雄豪杰、前赴后继的志士仁人，他们所表现出来的爱国精神和英雄气概，是培育学生"为中华之崛起"而读书、为人民之利益而学习的高尚学习动机的精神养料。

为了帮助学生树立科学的世界观，耿老师坚持以辩证唯物主义和历史唯物主义基本观点指导教学，引导学生以科学的方法揭示历史的本质，认识历史的基本过程，分析历史事件，评价历史人物，总结历史经验，探索历史发展的规律。辩证唯物主义和历史唯物主义基本观点在历史教材中并无直接表述，而是渗透在具体的历史事件的叙述和分析中。耿老师善于挖掘这方面的内容，如以英法资产阶级革命为例，革命爆发的根本原因是"封建专制统治严重阻碍了英法资本主义的发展；从理论上认识，两国革命实质上是封建社会内部成长起来的资本主义生产力同旧的封建生产关系，经济基础同上层建筑之间矛盾的必然结果；革命后两国资本主义迅速发展，表明革命后建立的新生产关系适应了生产力发展的需要而促进了生产力发展"[1]。

耿老师之所以能在教学中坚持自觉地对学生进行马克思主义教育，根本原因是他自己坚信马克思主义，追求为共产主义奋斗终身。他在20世纪60年代就提出了入党申请，到80年代终于被批准为中国共产党党员。

学生知识的增长和思想的进步都离不开老师的教导，教师的一言一行，都会在学生成长过程中打下深刻的烙印，所以一定要在学生的思想政治上、道德品质

---

[1] 刘璐萍：《有效教学与高中历史教科书的运用——以人教版高中历史教科书为例》，河北师范大学硕士论文，教师教育学院，2007。

上、学识学风上，全面以身作则，自觉率先垂范，这样才能为人师表。我校的老教师，忠诚党的教育事业、默默耕耘、无私奉献，以自己高尚的职业道德教育学生、影响社会，堪称师表。耿老师就是他们中的一员。正是——

先生热血铸忠诚，潞河师魂晚辈承。

老校春秋前辈写，再造辉煌看后生！

耿老师一生热爱历史，关爱学生，与人为善，令人高山仰止，无限怀念。现任职于通州区教师研修中心的高中历史教研员，北京市特级教师、正高级教师张启凤老师，在20世纪70年代末就读于潞河中学，有幸做了耿老师的学生。每每提及恩师，感激之情溢于言表。张老师深情写下回忆文章：

回忆恩师耿宝珍老师

张启凤

1978年，我有幸成为"文革"之后潞河中学第一届重点高中的学生。高二年级文理分班时，我选择学习文科，成为耿宝珍老师的学生。当时，文科班只有13名学生，行政班归属三班，只有上历史和地理课时，我们13人才另组成一个文科班。文科班没设班主任，耿老师就主动成了全职班主任——不拿班主任费用的班主任。记得一次我感冒了，耿老师为我买了药，还特意带来一包红糖，告诉我晚上睡觉前，沏一杯红糖水，可以驱寒。

高考时，我报考了北京师范学院（今首都师范大学）历史系，这和耿老师的历史教育有直接关系。到大学以后，一时间不太适应大学生活，我写信向耿老师诉说，万万没想到几天之后的周末，耿老师竟然来到师范学院看望我，顺便也看望1977年一起参加高考命题的鹏云鹤老师。从通州到海淀，几乎穿越了一个北京城，没通地铁、没有高速，往返大概需要近五个小时啊！同宿舍的同学都羡慕不已，说：你的老师真好！

大学四年级实习前夕，我告诉耿老师，想回母校听一节历史课，耿老师说，你来吧。于是，我回到潞河，听了刘士元老师的《鸦片战争》一课。课后，耿老师问我，刘老师的课哪里最吸引你？说实话，当时的我还不会评课，只对鸦片战争中的英雄人物记忆深刻。耿老师语重心长地说："是啊，林则徐、关天培、定海三总兵，刘老师讲得多么鲜活呀。要记住，历史课不能缺少人呀！"

1984年大学毕业后，我被分配到永乐店中学工作。工作中遇到问题，自然还是请教耿老师。记得我工作的第一年，耿老师和当时的历史教研员郑学诗老师一起，跑到永乐店中学听我的课。要知道，永乐店位于通州的最南端，20世纪80年代中期，交通还十分不便，每天从通州（当时还是通县）到永乐店只有几趟公交车。还记得我上课的题目是《北魏孝文帝改革》，尽管课上得并不咋样，但耿老师和郑老师却大加鼓励，让我增强了做一名优秀历史教师的决心和信心。

1997年，我被调到教师进修学校从事高中历史教研工作，已经退休多年的耿老师又来到我的办公室，问我是否适应新工作，鼓励我好好干，令同一办公室的同事们很是感慨：你有这么好的老师，一定可以干好的。

其实，被耿老师看望的学生远远不止我一个，文科班里有个同学，两年高考均未考上，耿老师多次写信鼓励。1986年，为了扩大教师队伍，通州区举办了一届大专班，利用暑假开展专项培训。我的同学考上了那个大专班，也成了一名中学教师。那个同学调到通州区四中之后，耿老师也去四中看望她。当年的文科班只有我们两个选择了教师职业，共同语言自然多些，也经常结伴去看望耿老师。

退休之后的耿老师仍然笔耕不辍，除了为通州区《文史选刊》撰稿外，还先后撰写了《潞河中学校史——从协和书院到潞河中学（1867—1951）》《清末民初欧美文化传到通州》《耿宝珍文集》等著作。工作以后，几乎每年春节我都会去看望耿老师，或约同学一起，或与我爱人同行。每次去他家，他老人家总是备好花生、瓜子和水果，像是等候自己的儿女回家一样。耿老师晚年的工作、学习精神令我十分敬佩，2011年，我曾写有《浣溪沙·赠耿宝珍老师》一词，并请书法界的朋友写成书法作品送给耿老师，词曰："莫道夕阳不可怜，蹒跚步履少人烟。临窗独喜少儿欢。彩笔华章书晚韵，铁肩道义送流年。融融蜡炬尽情燃。"耿老师看后十分高兴，看到"铁肩道义"时说：这说的是李大钊呀！我回答说：您对历史的传播，就像当年李大钊宣传马克思主义一样。

可以说，我选择历史教育专业、能够成长为一名合格的历史教师，是耿老师教育、鼓励的结果。

2015年冬，耿宝珍老师以88岁高龄驾鹤西去。然而，读罢张老师这段流淌着深深怀念与敬意，没有一丝浮华的质朴文字，耿宝珍老师严谨治学、友善谦逊的形象跃然于眼前。

耿老师虽然不是贾老师的教学师父，却经常旁听贾老师的课，并提出宝贵的意见，这对贾老师来说影响很大。同时，耿老师对教学认真的态度和热忱也对贾老师影响至今。

比耿老师更年长的张继辉老师退休前后的几年一直带贾老师。张老师在长春政法大学和中国人民大学毕业，1951年放弃了留高校的机会，来到潞河教书，一辈子教过语文、外语、地理、历史，学识渊博。张老师还担任了多项学校的行政工作。

也是在2002年刊印的《校友回忆录》中，我们找到了一篇1958届校友回忆张继辉老师的文章。

长者、恩师张继辉

1955级（58届）乙班　茹得山

"国之兴衰，系于教育"。学校办得如何，要看教育质量。一所名校必然有一流的教育质量并具备如下条件：好的领导班子；雄厚的师资力量；科学有序的管理；优良的教学、生活环境；先进的教学、文体设施。我们的母校——潞河中学就是这样一所名副其实的中学名校。她驰名京城，享誉全国乃至海外。

2002年是潞河中学135周年生日。我们这些几十年前潞河中学的"老"学生，每当回忆起自己的成长道路和工作中取得的点滴成绩，无不感谢母校的栽培、老师的教育，是母校给我们打下了走向生活、走向社会、走向人生的坚实基础。

邓小平同志说过："一个学校能不能为社会主义建设培养合格人才，培养德、智、体全面发展的有社会主义觉悟的有文化的劳动者，关键在教师。"[①]潞河中学就有一个相对稳定、不断发展的优秀教师群体。我的班主任就是这个优秀群体中的一员，他就是可敬的长者、难忘的恩师——张继辉。

---

① 中共中央文献研究室：《邓小平文选（第二卷）》，人民出版社，1994，第108页。

　　张老师于1950年受新生的人民政府的委派来到潞河中学，是最早来到回归人民怀抱的潞河中学的几位教师之一。他担负起繁重的历史课、政治课的教学任务，还是潞河中学的第一任工会主席。早在1951年和1955年就荣获河北省通县专区"模范教师奖"和"优秀教师奖"。2001年，张老师还作为"普教战线上的优秀世纪老人"接受了中央电视台教育一台的专访。

　　我来自顺义县农村，在20世纪50年代能够考上全国闻名的潞河中学，就如同中了状元一样高兴。入学以后，张老师教我们历史课，在高三时，他担任了我们的班主任。那时我是学生会干部，又是党员，和张老师的接触比较多，他对我潜移默化的影响和谆谆教导，至今历历在目。

　　张继辉老师心里总是装着学生，视学生如同自己的孩子。20世纪50年代，高中生都住校，但学校没有暖气设备，不论教室还是宿舍都用煤炉取暖，生炉子要由学生轮流值日。记得我们班宿舍在一斋（现在已经没有了），两间宿舍中间墙壁开一小洞，洞内正好放得一台炉子。课外活动时有值日同学好炉子，睡觉前再封好。那时，我们都是毛头小伙子，大多在家没有生过炉子，弄不好就会煤气中毒。张继辉老师牵挂着学生，每天熄灯前，不论刮风下雪，他都要逐个房间进行检查，有时夜里还要检查，就是为了保证同学们的住宿安全。

　　张老师腿脚不方便，不能和同学一起在操场上锻炼。同学们早上起床后，总会看到张老师在宿舍门前等着同学们集合跑步，他也会在后面跟着。课外活动，他就在操场旁边为同学们加油助威。在他几十年的教学生涯里，当过几十个班的班主任，班班如此，从不间断，是多么不容易！

　　还有一件事至今难忘。高三时，我们班开展勤工俭学活动，工作任务是到双桥农场砖瓦厂运黏土。土要从一公里以外运来，运输工具是在小铁轨上的滚子车。装好土，推动滚子车，顺势而下，其快如飞，控制不好极易酿成事故。每次劳动，张老师都坚持和同学们一起去，不能和同学们一起推车奔跑，他就在工地上亲自督阵，确保安全。我们劝他不要每次都跟我们跑那么远的路，我们会注意安全，可张老师总是说："不行，这么繁重、危险的活叫你们去干，我不去不放心。"

　　我们班的学生不少来自农村，家里的经济条件大多很差，几元钱的生活费用对于大家来说仍然是个很重的生活负担。为了解决学生的困难，国家在高中设立了

助学金，但数额很小，杯水车薪。这助学金到底给哪些同学更合理，需要了解同学的家庭经济状况，最后由班主任老师定夺。张老师是我的班主任，他利用休息日，骑着借来的自行车，到同学家去家访，了解情况。现在他和我说起当时的情景，包括一些同学的家庭人口和经济状况，还记得清清楚楚，令人佩服。正是由于张老师的不辞辛苦、深入调查，助学金的发放在学生中从未引起不满和波动。

张老师对同学们的思想很关心，经常找同学谈心。他对同学的帮助和教育很讲究方式方法，从来不大声训斥。张老师经常利用晚饭后和星期天找同学谈心。从外表看，张老师很严肃，被找去谈话的同学开始都很紧张，可从张老师办公室出来后都心情舒畅。高中要毕业了，他经常和同学们一起商量，根据每个人的成绩、特长和兴趣爱好，帮助我们选择志愿学校和专业。经过张老师的指导，学生们填报志愿"命中率"都很高。

张老师教我们历史课，同学们对他历史知识的渊博、教学艺术的精湛无不敬佩。升入高中，同学们早早就考虑上什么大学、学什么专业。但不论是准备学理工农医还是文史哲，大家对张老师的历史课都有兴趣，原因就是他的历史课讲得好，同学们爱听。其实，张老师在大学的专业是法律，参加工作也是在政法部门，后来调到潞河中学成为一名教师。张老师告诉我为了搞好历史课教学，他边教边学，以顽强的毅力和刻苦的精神，拿下了北京师范大学历史系的毕业证书，后来又进修中文，拿到了电大的中文专业的毕业证书。他说："文史不能分家，要讲好历史，必须有坚实的文学基础。"早在"文革"以前，张老师就对毛主席诗词进行过系统的研究，并尝试在课堂上用毛主席诗词把中国现代史串联起来，同学们对此反应很好，这是对教学思想、教学艺术的创新。

张老师讲课既尊重教科书，又不拘泥于课本，他旁征博引、融会贯通，把历史课讲得活灵活现。几十年过去了，他上课的情景仍然深深印在我的脑海中。我在高中是准备学理工的，在大学也是学的理工科，工作后从未涉及过历史，但我在中学学到的历史知识，特别是重大的历史事件和重要年代，至今不忘，靠的就是张老师给我们打下的坚实基础。比如，对于历史事件，他从不提倡死记硬背，而是要求了解历史事件的背景，把握历史事件的本质。记得一次张老师在课堂上提问我："红军为什么要长征？"当时的教科书对这一部分写得较笼统，仅寥寥数语。

张老师在讲这段时就像讲故事，非常生动具体，给我的印象很深。见老师提问我，我就把红军在第五次反"围剿"中，由于"左"倾冒险主义在党内占据主导地位，导致第五次反"围剿"的失败，红军只能放弃中央革命根据地，红军主力被迫实施战略转移，开始长征的史实，一气呵成做了回答，张老师当时非常满意。这节课至今历历在目。而对于重要历史年代，张老师就要求我们必须牢记，至今很多历史年代我仍然记得。如果说我们这些学理工又工作在工业战线上的人还有一些历史常识的话，确实得益于在中学阶段张老师给我们打下的坚实基础。

我拜访过张老师本人，也访问过其他同志，这使我对张继辉老师严谨的治学态度、精深的业务水平和甘为人梯的奉献精神有了更深层次的了解。张老师说："要让学生懂，首先问你自己懂没懂，你又懂得多少。"当年，我们都是住校生，在星期天和晚上经常看到他在办公室备课、看书的身影。他一直担任历史教研组组长。他教了几十年，应该说是轻车熟路，备课大可不必费太大力气，但他治学严谨、一丝不苟，教案整整齐齐，从未不加修改地重复使用旧有的教案。对于帮带年轻教师，他也有自己的见解方法。他说："老教师的一举一动、一言一行都会对年轻教师产生潜移默化的影响。"

我在访问中了解到了潞河中学有几名非常出色的历史老师靠着自身的不懈努力，成为不可多得的教学骨干，这也与张老师的关心和帮助不无关系。曾经有一位年轻教师每当写好教案，都会主动交给张老师审阅，然后再上讲台。但张老师从不以老教师自居，而是虚心和年轻教师一起研究，一起讨论，提出自己的看法，最后由年轻教师自己决定取舍。他不赞成"师父带徒弟"的说法，对于年轻人，他总是以普通教师的身份和他们平等相待，互相帮助、互相支持。他严于律己，热情助人，因而得到年轻老师的尊重。

我还得知，张老师在20世纪70年代，居然教起了日语课，这是怎么回事呢？原来由于历史原因，在日本帝国主义统治东北时期，张老师在学校就有了一定的日语基础。谁都知道一门外语如果长期不用，就会日渐荒废而遗忘。张老师为了保持自己的日语水平从未放弃过自学，有时天未亮，就起床学习日语，因此，在1970—1978年间调到通县二中时，能够做到既教历史又教日语。作为一种外国语言，相隔多年能够随时拿起来就上讲台，如果没有勤学苦练，坚持不懈的韧劲是

很难做到的。这种精神不正是值得我们学习和倡导的吗？

几十年过去了，张继辉老师已是耄耋之年，我也已经年过花甲，但张老师永远是我心中可敬的长者、难忘的恩师。

透过学长细腻的文字描述，让我们认识了一位温润君子、谦谦长者。

通过访谈让我们对张继辉老师有了更深刻的了解，也对潞河的代际传承有了更加深刻的感悟。

贾老师说："很幸运遇上了这么一个好师父，他的性格对我影响也很大，学识渊博，为人友善，特别关爱年轻教师。看到他尊重我、鼓励我的眼神，我就联想到在北师大上学时，认识了什么是大教授、什么是大知识分子——人家都不会'居高临下'，都不讲吃穿、不求名利，就是一门心思钻研学问。张老师给我的印象就是具有'大知识分子'风范的导师。我到现在都从内心里感恩能遇上这位让我终生难忘的教学与人生的导师。"

在贾老师入职之初的三年，张继辉老师不顾年事已高，几乎是手把手地指导。一节课一节课地听，一节课一节课地交流，同时也给予了新教师充分自省感悟的空间。贾老师回忆起张继辉老师常说的一句话：老师讲课，就其内容是一门科学，而就其方法则是一门艺术，要求一定有个人风格。风格不是指导出来的，更多是悟出来的。张继辉老师的言语，闪烁着令人仰止的智者的襟怀与智慧。

贾老师还总结出："我认为潞河老教师给咱们学校留下来的就是一种氛围、一种精神。以教书育人为乐、以校为荣，毫无杂念，发自肺腑，我跟他们都比不了。这些年学校人员流动性也不小，我始终坚守在这里的原因，和这种潞河精神有很大关系。"

正是这些老教师知无不言、言无不尽地在业务上的教诲、生活上的帮助、对教育的执着热爱、一丝不苟的认真态度、甘于奉献不计得失的精神，影响了贾老师形成对学生的关心和对教育事业的至上责任感。这自强精神、这优良传统也是潞河百年老校古树新枝，生生不息的内在之魂与不竭动力；这自强精神、这优良传统代代相传，就一定会创造潞河更加美好的明天。

第五章

拨云见日：贾长宽老师案例的启示

拨云见日：贾长宽老师案例的启示

　　人总是在一定的社会中谋求自己的发展，在谋求发展的过程中，除了受环境因素的影响外，还要受个人选择和能动性的影响。教师专业化发展是"教师个体专业连续的、动态的、终生的、不断发展的过程，是教师不断接受新知识，增长专业能力的过程"①，因此，教师的发展，除了受社会、环境和教育因素的影响外，更主要的因素是教师个人对教育的追求。教师要想在专业发展上有所成就，成为一名成熟的专业化教师，必须通过不断学习与研究来拓展自身的专业，提高自身的业务水平。

　　一名教师只有具备明确的教育追求、教育目标，才会谋求自身在专业领域的发展。但是仅有追求和目标是不够的，关键是想出办法实现目标。在贾长宽老师的案例中可以发现，首先教师对教育的追求是孜孜不倦的，教育目标也是十分明确的。其实许多教师都有自己对教育的看法和追求，然而俯下身子钻研探究的却不多，而贾老师之所以能成为一名优秀教师，靠的就是躬身实践，不断坚持，"四步导学法"就是这种坚持和探究的表现。贾老师只是一个平凡的人，在平凡的岗位，做着平凡的事情，实干肯干，把本职工作尽己所能地做到极致。而恰恰是这样普通又不普通的案例，更可以对广大教师特别是刚刚上路的新手教师有所启示：只要我们有理想、有目标，有方法、有行动，有思路、有创新，有毅力、有信心，"苔花如米小，也学牡丹开"。假以时日，每个人都会塑造一个远超想象的自己。

---

① 别梅：《基于网络教学交往评价的基本内容研究》，东北师范大学硕士论文，信息科学与技术学院，2006。

综合上面的讲述，从贾老师的个案中我们能够获得如下有关教师发展的启示。

一、热爱——一片丹心付童心

孔子讲："知者不惑，仁者不忧。"孟子曰："得天下英才而教育之，三乐也。"托尔斯泰曾说过："如果一个教师仅仅热爱事业，那么只能是一个好教师。如果一个教师把热爱事业和热爱学生结合起来，他就是一个完美的教师。"[1]贾长宽老师始终坚持认为教育的本质是育人，育人有三个层次：一是知识层——求真；二是情感层——求善；三是创新层——求美。仁者爱人，求真求善求新；育人为乐，营造完美课堂。

贾老师说："对于教学，对于学生要怀着极大的热爱之情，只有发自内心地热爱，才能在工作中积极上进。""真诚、尊重与平等"是贾老师一直强调的精神和原则。其中真诚有两层含义：一是对教育事业的忠诚，也就是敬业精神；二是爱学生要诚心诚意。教师爱学生不能弄虚作假，更不能为了哗众取宠做样子，要像父母爱子女一样，真心实意、无怨无悔。只有尊重人，才能感化人。他在班级管理过程中，精心营造尊重与被尊重的和谐气氛。不但善于尊重优秀学生，而且善于尊重相对来说表现欠佳的学生，这部分学生往往不愿与教师进行沟通，教师应处处尊重他们，主动跟他们聊天。在组织活动时，主动听取这部分学生的意见，并创造机会让他们在一定的场合充分表现自己，以求得同学的认可。在教育教学中，教师与学生虽然处于不同位置，但双方的人格是平等的，因此，教师不能傲慢自大，更不能利用自身职权和地位轻视学生、侮辱他们的人格。当然，贾老师认为要尊重每个学生，施爱心必须平等。"平等"的第一层意思是要对全体学生施以真诚的、平等的爱。在处理各种矛盾时，不要因为是好学生就袒护。平等还有第二层意思，这就是老师和学生的关系是平等的。教师有了这种观念，学生才容易接近教师，学生才信赖教师。贾老师找同学谈话时，先请学生坐下或都站着谈。这一身体语言并非可有可无，它表示的

---

[1] 转引自高艳芳：《浅谈生物教学中对学生主动获取新知识的能力培养》，《青春岁月》2012年第13期。

是尊重和平等。没有平等就没有爱，没有爱就没有教育。

老师热爱优秀生是很容易做到的，而热爱"问题生"就不那么容易了，但贾老师对"问题生"也一直给予浓浓的爱。他坚持通过平常的一些微不足道的小事，让这些"问题生"对自己产生一种亲近的情绪，学生自然会愿意接受教师的教导与劝告，这就是所谓"亲其师，信其道"。他坚持用"一颗宽容之心去体谅学生，然后晓之以理并给学生留下思考的时间和改过的余地，用教师的真挚期望去激发学生改过自新与积极有为的激情"。

贾老师的育人案例留给我们的启示是，想要成为一名优秀的历史教师需要"关注学生生命的全面发展、和谐发展、自由发展、充分持续地发展。更重要的是，对学生的关注并不只是停留在概念上，要感受到学生生命的价值，自觉转变自己的学生观念，并在教学中积极实践。总之，关注学生生命价值，就必须了解、尊重、珍爱并解放自己的教育对象，重新认识学生、发现学生"①。

二、乐学——史海无涯学不倦

联合国教科文组织的报告《教育：财富蕴藏其中》指出："教师必须面对新的任务：把学校办成更能吸引学生的场所，并向他们提供真正理解信息社会的钥匙。"②贾长宽老师常说："教师作为社会进步的推动者之一，自身首先应成为社会学习的典范，成为不断学习的带头人，知识的不断更新、教育对象的不断发展变化、课程的不断改革等一系列变化都要求教师树立不断学习的理念。"教师职业是一个特别需要终生学习的职业。只有通过学习，教师自己的知识结构才能得以不断扩充，从教能力才能得以不断提高。贾老师正是在工作中不断学习，才为自己的专业发展打下了深厚的基础。

在信息爆炸的时代，教师只有通过不断学习，才能够更好地了解、继承人类社会的文明成果，并把这些成果传授给学生，同时为自己的创造和发展奠定基础。从某种程度上来说，教师专业发展这一理论的提出，正是为适应知识

---

① 何丽丽：《优秀语文教师专业情意研究》，首都师范大学硕士论文，教师教育学院，2004。

② 联合国教科文组织：《教育：财富蕴藏其中》，教育科学出版社，2006，第104页。

社会、学习社会的到来而提出的。

从贾老师的专业道路中，我们看到，作为教师如果仅凭大学阶段所学到的知识已远远不能适应当今教育教学的需要、社会的变化、学习内涵的转变。每一位教师必须把握每个地方、每一时间的学习机会，必须随时随地地不停学习，努力提高自己。同时，教师的专业发展不是仅靠职前培训完成的，教师必须在工作中也不断学习，取得教师资格证不能就认为是一名合格的教师，一个人在一生所学的知识90%左右是在工作岗位上不断学习得到的。总之，想要在专业道路上有所作为，应该树立学以为己、学以育人的学习精神。

三、反思——悟从疑得多自省

杜威在《我们怎样思维》中，阐述了"反思与教学过程之间的关系，提出教师是反思教学的实践者，是课程建设和教育改革中的专业人员，开启了反思型教师研究的先河"[①]。后来随着研究的不断深入，人们越来越认识到反思使教学实施更具有针对性与实效性，不断地省思、批判和调整也促使教师专业能力的不断提高。教师必须把反思性教学作为自身发展和获得较多主动性的手段。

贾长宽老师的"四步导学法"的创立和实践是从尝试开始的。既然是尝试就不可避免地面临这样那样的问题，因此，需要老师时刻对出现的问题做出反思、做出决断，找出解决问题的途径。如果在这一过程中，贾老师只是一味地获得经验，而从来不对问题和经验进行深入细致的思考，那么经验只会成为束缚，不会发挥多大的作用。通过不断反思和总结，"四步导学法"走向成熟，同时在这种尝试和反思中，贾老师也实现了专业化发展。在反思过程中，贾老师还对自己的知识谱系进行梳理，进而对自己的知识谱系进行补充修改，实现知识谱系的重构，以提高自己的教育教学素养。他在教学过程中，每一节课后都会思考值得肯定和不足的地方，然后思考解决问题的方法。同时，我们也应该注意到，反思要有一定的对象性，或者称为目的性也可以，拿贾老师的案例来

---

① 张洪波：《教师专业发展的重要性与对策研究》，《读写算（教育教学研究）》，2012年第8期。

说，实际上是一直反思"四步导学法"的应用和效果，不断改进，使之不断走向完善。

在班级管理中，贾老师也是坚持反思，不断优化育人机制。刚入职时，他就接手了一个乱班，高一一年就换了三任班主任。贾老师就采取了严盯死守的办法，管用，但是也让人身心俱疲。第二轮再当班主任，贾老师觉着盯班不是个长久之计，费精力不说，管太多、管不好反而招埋怨。怎么能把班主任从盯班中解脱出来？于是他就开始运用历史中的智慧了。"毛主席说过，正确路线确定之后，干部是决定因素。一个班集体，干部是关键。干部能不能以身作则很重要，学生以学为主，干部的成绩都得过硬，班级工作诸如值日、上操、自习课纪律……总之，方方面面都得让干部带头、干部负责。谁不带头，就换掉。总之，靠制度靠干部，班主任负责抽查。其次是量化评比、物质刺激（小奖励）。"贾老师说，"这是借鉴了三国演义诸葛亮治军令行禁止，是兵家思想；还有法家思想，建立班规，法不容情；儒家思想讲教育，一周一个班会就搞德育。儒家荀子说过，'隆礼重法'，其实就是先和学生讲清道理，再开展各项工作，也就是先礼后兵。最后达到了老子的无为而治，'管而不管'的境界。班级管理最后是为了实现学生的自我管理。"这些传统思想对贾老师管理班集体是很有帮助的。后来，这个班评上了先进班集体，所有指标都是第一。自习课没有老师进班盯着，老师走在楼道里，经过这个班的教室时还以为班里没人呢。从这一届开始，他的带班风格算是形成了。到了第三届，贾老师基本上不管了，都是班干部负责。那届的班，既团结又积极，上操从四楼到操场集合，准是第一个，各项评比都是第一。其实贾老师没盯着，宿舍都不去查，照样第一。2003年，贾老师所带的文科毕业班有6人被清华、北大录取，成绩过线的有8个，加上另一个贾老师带过一年半后转为理科实验的教学班，共有16个考上清华、北大的。能考出这样的成绩原因是多方面的，其中量化管理是重要因素，因为这样就能让教师全身心投入到教学工作中了。

当然，贾老师坦言，在多年的教育教学工作中，最遗憾的事情也在班主任工作中。在他印象里，曾经有一届班里两个孩子公开早恋。思想比较传统的贾老师，当时把两个孩子叫到办公室谈话，结果学生和贾老师的关系渐行渐远。

现在想起来觉得不合适，凡是这种事私下谈话效果都不好，班主任可以在班集体大面上说，但不能针对个人，而且得尊重学生，不能伤了学生的自尊心。而且后来贾老师发现，早恋并不一定影响学习，还是他班上的例子，有一对学生谈恋爱了，两个人都考上了北大。总之，这种事就强调别影响学习，别直接找他们谈，要针对具体情况注意一些策略。

贾老师当上年级主任后，又反思总结并运用自己当班主任时的实践经验。他的德育工作发展到最后就是整体构建学校德育体系，即人格评价。对此，他写了一篇论文，获得全国德育论文一等奖。贾老师说，人格评价是西方教育理论，他则是结合中国实际与学校实际，所有指标都量化。

贾老师常对青年教师说："每多一份反思，自己就会成长一点，课堂永远没有完美的时候，只有不断进步。"在他看来，教师是一份实践性和创新性都很强的职业，这就要求教师不但有丰富的专业知识和学科素养，还应学会应用理论不断解决实践中的问题，并对实践经验不断地进行反思和总结，只有不断地反思和总结经验，教师才会在工作中有所创新。可见，教师的职业总是充满了复杂多变性，课程在不断变化、学生在不断变化，教育纲领也在不断做着调整，面对这些不断变化的情况，教师只有不断地研究反思自己的教学行为，不断适应新的教学环境，才能永远立于不败之地。

四、更新——领异标新二月花

贾长宽老师做人、做事不落俗套，做任何事都有自己的想法，都抱着研究的心态去做。专业化发展要求教师以一种高度负责的方式来实现发展和学习目标，因此教师必须依据自己和学生的具体情况对教育活动进行科学设计。时代在发展，课堂在发生变化。因此，作为教师不应被任何形式性的东西所束缚，而应时刻保持着创新意识，这样一来教师在自己的专业发展道路上才能走得更远。然而，当前在教师专业发展中，很多教师都习惯了自己的一套方法或模式，哪怕一点点的改动都认为是不合自己思想的，或者是非常麻烦的。这种思想和做法会严重阻碍自身的专业发展。

还是以"四步导学法"为例。贾老师回忆说："以前教学似乎都是从一个模

子出来的，教师讲学生听，学生听完了背诵。该模式的运用使老师认识到很多东西完全可以在课堂上去完成，只要合理地安排教学过程，给予学生积极思考问题的时间，通过有趣而深刻的讲述吸引住学生的注意力，就能充分利用课堂时间，也能很好地落实课标，达到发展目标。反过来说，模式的创新得益于思维的不断创新。"由此可见，"四步导学模式"正是在宏观原则指导下的一种灵活做法，该模式使贾老师对教学有了新的认识，开阔了教学思路。贾老师有了这种思维上的创新能力和应对问题的能力，在其他的教学工作中也会时刻注意创新，提高工作的效率和乐趣。他认为，只有抱着研究的心态去做，才有意义。他说："做事，我们不想只是去模仿别人，那样的话根本没有自己的东西在里面，所以我总是想别人没想过的，尝试别人没尝试过的。"对于每一节课、每一学期的计划，贾老师都追求新颖、有效，突出自己的思想和特色。

除了完成自己繁重的教学工作，贾老师还关心关注身边每一位青年教师的成长，尽己所能地提携和帮助他们。组里老师的各种研究课评比课，贾老师如同自己的任务一样出主意、想办法，结合自己对课程高屋建瓴的理解，对重难点问题的精确把握，启发青年教师在教学设计中推陈出新，呈现精彩。2008年春，赵卫峰老师做一节《五四爱国运动》的评比课，感觉已有很多人在此做课，很难再有所创新。教研活动大家一起讨论，都一筹莫展、焦头烂额。贾老师也设身处地地凝思，突然想起个奇妙的构思：五四运动就发生在北京，空间上离我们不远，可是毕竟又有近百年的时间阻隔，如果以"重走'五四'路"为主题，课前带领部分学生选取经典场景，实地考察，对学生的冲击力一定远远大于课堂上老师的铺陈。最后，选取了天安门广场人民英雄纪念碑、东交民巷使馆区、火烧赵家楼遗址3个重要地点，由学生讲述，又加进一些电影《我的1919》的片段，引领学生感悟历史，取得了非常好的效果。

对于贾老师案例来说，创建一种模式叫创新，但是如果仅仅依赖此种模式，不去变通，则是保守了。对于青年教师专业发展而言，一个重要启示是教学模式的建立必须结合教师自己的特点、学生的特点、学校的特点来设计，创新必须符合实际情况，不能凭教师一己之见来创新。有些教师有做好工作、实现自己专业发展的强烈愿望，但在实际工作中，往往只注重从理论层面来汲取智慧，不管这种理论是不是适合自己的教学环境，都"大胆"地应用，功夫下得不少，结果不尽如人意，究其原因就是对教学实际把握得不够，简单地停留在理论的创新上。一个好的教师，在从事教学工作中首先考虑的应该是学生有什么样的特点、自己擅长怎样的方式，并且把这些和教学理论结合起来考虑。有了对教学实际的把握，有了对理论的汲取，教师才能创建属于自己的、行之有效的教学实践模式，进而教师的专业水平也会显著提高。

总之，教师在专业道路上寻求创新的领域并不是非常宽散的，或者说实现起来是非常复杂的，关键是找到一个点，以点带面，促进教师专业化发展。建立教学模式只是实现专业创新的某种路径，每一个教师都可以寻找适合自己的点，来促进自身的专业化发展，而不是仅仅局限于构建教学模式。启发比方法更重要。

五、坚守——反求诸己久为功

贾长宽老师一直秉承踏实实干、坚持不懈的为人原则。选择做中学教师这一职业，就注定工资不会太高，可贾老师总是说自己很知足了。"我的工资和收入高的人比，肯定有很大差距，但是我很满足。因为，从工作开始到现在，在工作条件、生活条件等方面，学校对教师的关心和照顾都是非常周到的。自己的孩子从初中开始就在本学校上学，一直到高中，这期间无意中就能关注到自己的孩子。"因为这种知足，所以贾老师才可以把大部分的精力用在教学上。

"人还是单纯一点好"，人单纯的时候就是状态最好的时候，也是思维最活跃、最集中的时候，而且单纯使人能够从容面对工作和生活中的问题，不至于对自己影响太大。良好的学校环境、平和的心态使贾老师能够把大部分精力放在研究教学上。贾老师在回忆自己创建教学模式的过程中常说："一定要有自己的自主性，有自己的想法。"可见，具备独立的教学思想，是至关重要的，因为独立，所以属于自己。"当自己的想法，自己的计划变成行动、走向成功的实践中，你一定会感到乐在其中。"

很多时候一线教师的某些教学思想是非常具有创新意识的，也和实际情况比较贴近，只是在学术上达不到一定高度。不过现在教学专家走进学校和

教师一起探讨教学问题，提供了一条解决问题的道路。贾老师常说："自己有个很大的遗憾，就是一直以来缺乏大学里专家的指导，否则的话自己可能成长得更快。"由此可见一线教师对专家指导的渴望。然而，时下部分教师谈起教学理论来头头是道，对教学专家也知道那么几个，并能引用其几句名言，靠着这种对理论的皮毛学习，他们自认为自己就是专家型的教师了，起码也是专业水平较高的教师了，然而在实际的教学工作中，他们却依然遵循着传统的教学方法，不乐意改变，学习些理论只是为充充门面罢了，这不能不说是一种假专业、假发展。

此外，时下教育教学专家林立，各种思想层出不穷，在这种情况下，作为教师应该具备选择和鉴别的能力，如果觉得什么理论都好，就会失去判断能力。教学专家的理论知识是宏观上的指导，甚至部分是毫无事实根据的指导。作为一线教师一定要清楚自己的教学实际，选择适合自己的理论，并对该理论形成自己的认识，不能一味地照搬应用，犯教条主义的错误。教师只有正确地选择和不断地坚持，才能实现教师专业发展。

贾老师常说："我一直认为，做人做事一定要踏踏实实，不要太计较得失，认准了的事情一定要坚持到底。"以他对"四步导学法"的提出为例，有些教师认为对于历史课没必要搞什么创新，没必要做什么模式，只要让学生背好知识点就可以了，这样的看法在当时有一定影响，他认为既然看到了"四步导学法"对学生的有利之处就要坚持下来，在其他事情上也坚持如此。"在工作中自己有什么想法，只要合情合理，学校都会积极支持：有了成绩，及时表彰；有了问题，及时提醒。同事之间的关系也都非常融洽，彼此之间坦诚相待、相互帮助。正是有了良好的工作和生活环境，我才能有更大的精力从事教学工作，并在工作中创新和发展，因此自己的发展和学校环境是分不开的。"

需要说明的是，教学模式是实现专业创新的外在形式，创建了就立刻能感受得到，而专业发展则是一个不断积累和内化的过程，单纯地积累不能算作教师专业发展。在他探索"四步导学法"的创建和应用中，遇到过这样那样的问题，对自身专业发展的促进效果可能一时半会儿显现不出来。面对此种情况，贾老师并没有心灰意冷而放弃，他说："当问题出现时恰好是自己发展的机会，应及时调整并坚持下来。"教学实践模式的创建是需要许多因素综合作用的，在实践中忽视或对某一因素不够重视是在所难免的，关键是看教师能不能勤于观察和思考，发现其中的问题。在专业发展方面也是如此，不可能教师学习了一种理论，把这种理论应用于实践，专业发展的效果就能够马上呈现。只有在实践中，不断地积累内化到自己的心中，才能慢慢体会自己专业水平的进步。

贾长宽老师常说："天上不会掉馅饼。奋斗也有可能失败，不奋斗却永远不会成功！""仁者爱人，立德树人，乐在其中。"

久久为功，善作善成，相信天道酬勤，付出就会有回报。

六、传承——薪火相传秉初心

贾长宽老师每每提起在潞河中学的职业起步阶段，深受张继辉老师和耿宝珍老师的悉心指导和帮助，都心怀感激之情，并且把这种感激化作行动，不遗余力地提携后辈青年教师。组里每一位老师做研究课或者评优课，贾老师都像自己的任务一样用心尽力。更令人欣慰的是，这种氛围，这种精神已经延续传承下来，使潞河中学历史教研室成为一个团结又上进的温暖大家庭，大家不争名利，潜心发展，不断自我完善。

通州区历史研修员张华老师说：

入职之初，正是岳麓版教材推广之始，当时有许多问题困扰着我们一线的年轻教师，贾老师的教材分析总是深入浅出，让人醍醐灌顶。此外，贾老师还特别喜欢在聊天中与年轻教师探讨学术问题，颇似苏格拉底的精神助产术，引导你去思考、去发现。贾老师的平易近人、敬业、严谨是我前行的动力与方向。

后来作为通州区研修员，经常要与潞河中学历史组打交道，他们的善于合作、精益求精、敏学善思、充满激情给我留下了深刻印象。在参与了贾老师专业情意的叙事研究后，我发现一个学校、一个教研组具有不断向上的动力，源于团体中令人信服的领军人物，贾老师无疑是这样的领军人物。贾老师等老一辈教师将他们对教育的热情、对学生的关爱、对同仁的引领，根植在了潞园，相信还会进一步发扬光大。

潞河中学熊洁婕老师，回顾自己在学校成长的历程时说：

历史教育是人与人心灵之间的对话，是通过对话对学生的身心成长产生积极影响的过程。从2013年我入职潞河中学历史组以来，就被贾老师、梁然老师等老教师对历史教育的敬业和热爱所深深感染。2015年，《重走丝绸之路》一课在贾老师和梁老师的多次指导下，反复锤炼、精磨课堂，最终获得北京市胜利杯历史教学一等奖。乐业、敬业、精业、勤业是贾老师专业发展道路中的宝贵品质，值得我们每一位历史教育工作者学习。潞河教研室的真挚情意更是让我感到爱和激励。我也一定会把这种情意传承下来，让它在潞园生生不息。

2020年新入职潞河中学历史教研室的马甜甜老师没有赶上与贾老师共事的岁月，但是却同样感受到了这个大家庭的温暖氛围。在2021年教师节前夕学校组织的"师徒结对"活动中，她与梁然老师结对。她代表青年教师发言，回忆了初上讲台一年来的点点滴滴：

在我来到潞河中学，初登三尺讲台的这一年，成长很多。这些成长的路，不是我一个人走下来的，而是得到指引，有人带着我携手走下来的。带我同行向前的人就是我的师父，无论是梁然老师还是刘国庆老师，他们都在我焦头烂额、倍感迷惑时为我雪中送炭、给我带来灵感和信心。在这里，我真的很想对我的师父梁老师道一声谢谢！

感谢您每一次的知无不言言无不尽、感谢您熬夜用微信语音指导的每一个夜晚、感谢您陪着我改过的每一页PPT、感谢您组织组里的每一次集体评课、感谢您在我迷茫时的每一次鼓励……我很幸运，在入职的第一年，能够遇见您，遇见潞河历史教研室里的每一个家人，陪我前行、伴我成长。也因为遇见，让我知道并见证了潞河历史组一代代的联系，知道了传承的意义。如若有一天，我也能够以一己之力帮助他人，我一定向您学习，也做到知无不言、言无不尽。

潞河中学张新梅老师说：

贾长宽老师是通州历史教育界当之无愧的楷模和灯塔，领航全体历史教师的前进。早在进潞河中学执教之前，我就已久闻其名。三十余载，三尺讲台、四季耕耘，桃李满天下，默默谱写着教育的春华秋实，平凡的贾老师彰显了教师的不平凡。

贾老师"仁者爱人，育人为乐"的教育情怀是指引历史教师前行的灯塔。从他的教育教学叙事中，我感受到的是满满的爱，对学生的爱和对历史教育的爱，而贾老师"仁者爱人，育人为乐"的情怀又是不断发展的，随着时代的发展而发展、随着学生的需要而延伸。今天，我辈历史教师须在楷模榜样引领和灯塔光亮指引下，秉持"人生不知足、奔驰竟朝夕"的情怀和信念，踏着前辈的足迹不断前行。

赓续楷模荣光，灯塔薪火相传。

贾长宽老师带给了潞河中学历史教研室一种精神——"以教为乐、以校为荣"的精神，有幸加入这个团队，置身其中，更加深刻地感受历史教研室的实干精神，一种团结协作的氛围和别具特色的教学风格。贾老师对历史教研室教师的谆谆教导依然在耳畔回响："教书育人，教师的良心，最基本的表现就是一定要把课上好""教师平时博览群书，积累文史资料，锤炼语言，力求语言能扣人心弦，耐人寻味""令人难忘的历史课堂一定是生动的"……每一句教导都是贾老师"仁者爱人 育人为乐"情怀的体现，每一句教导都毫无杂念，发自肺腑，让受教者醍醐灌顶、如沐春风。在贾老师之后，吾辈历史教研室全体教师接过了接力棒，定会薪火传承坚守初心，凝心聚力勇担使命。

一枝独秀不是春，百花齐放春满园。如今的潞河中学历史教研室，团结奋进、学术研究的氛围日益浓厚，已经拥有北京市学科带头人1名，通州区区级骨干教师4名，通州区青年骨干教师3名，更有一批后生苗壮成长。为通州、为潞河的发展，他们正在奋楫扬帆赓续荣光，秉持初心砥砺前行。

持续两年的贾老师教育情意研究给了我们诸多的启示：要确立明确的教育信念，主动加强意志品质的锤炼，要目标明确、坚持不懈、努力奋斗，不断克服教育工作中的困难。唯有如此，才能收获良好的教育效果，才能使自己在专业发展道路上不断前进，才能青出于蓝胜于蓝，续写教坛荣光。

我们知道，其实没有谁比贾老师更加普通和平常，他只是比常人更多了一份热爱与理想，更多了一份执着与担当，才能够在每一个平凡的日子里发热发光。贾老师的案例让我们知道，榜样就在离我们很近的地方。

　　近些年工作的青年教师,专业功底扎实,思维敏捷,视野开阔,又欣逢盛世,拥有宽广的舞台,更要不怨天尤人,不妄自菲薄,不甘于平庸。在最应该奋斗的年华,挥洒我们的汗水,付出我们的心血,奉献我们的智慧,敢想、敢拼、敢赢,在三尺讲台平凡的岗位上,每一个人都一定能够做出不平凡的事业。

附录一
课堂实录："国共合作抗日"教学实录与教学反思

贾长宽

授课班级：	北京通州区潞河中学高一年级4班
授课时间：	1课时
所用教材：	岳麓版历史必修一

教学目标

根据新课程"知识与能力，过程与方法，情感、态度与价值观"三维目标，本课将借丰富的教学资源，运用多媒体创设情境，分层设置问题，促进师生互动学习，引导学生逐步形成对所学知识的思考、理解、运用。重点是：1.了解日军的侵华罪行和中国军民抗日斗争的主要史实。2.理解全民族团结抗战是中国抗日战争胜利的决定性因素，认识抗日战争胜利在中国反抗外来侵略斗争中的历史地位。3.通过对抗战胜利原因、意义及其历史教训的探讨获得启示，理性地认识抗日战争，体会民族精神之宝贵和不可或缺，知道求真、求实的科学态度的重要性。

课堂实录

◆新课导入

老师：一年前，也就是2007年4月12日，温家宝总理在日本国会发表演讲，他说："如果说安倍晋三首相去年对中国的访问是一次破冰之旅，那么我希望

我的这次访问，能成为一次融冰之旅……众所周知，中日两国人民长达2000多年的友好交往，曾被近代50多年的那一段惨痛、不幸的历史所阻断。"温家宝总理所讲的"近代50多年的那一段惨痛、不幸的历史"，是从什么事件开始、到什么事件结束的？请举手回答。

学生1：从甲午战争开始，到1945年日本投降、抗日战争胜利结束。

老师：请坐。抗日战争的胜利，是中国自鸦片战争以来，第一次取得的反侵略战争的完全胜利。可是，有人却说："国民党，消极抗日；共产党，游而不击；没有美国的原子弹和苏联的出兵，中国不可能取得抗日战争的胜利。"

学生2：（静心思考、期待了解）

老师：当然，评判这些观点的最好方法是让历史事实说话！以历史事实为依据，探讨抗日战争胜利的决定性因素，形成对抗日战争的理性认识，是我们这节课要重点解决的问题。

◆学习新课

导思提纲：国共合作抗日
一、日军全面侵华
　（一）开始标志
　（二）日军方针
二、中国全民族抗战
　（一）抗日民族统一战线
　（二）正面战场和敌后战场抗战
　（三）各族人民和海外华侨抗战
三、抗日战争胜利
　（一）胜利的原因和意义
　（二）历史的教训与启示

老师：请看导思提纲。这是我们这节课的学习内容，包括三个大问题。

一、日军全面侵华

要求掌握两点：开始标志、日军方针。日军全面侵华开始的标志是什么？

学生3：七七事变。

老师：七七事变也称卢沟桥事变，为什么日军全面侵华会从1937年的卢沟桥这儿开始呢？

学生：（没人回答，处于思索状态）

老师：卢沟桥事变是"九一八"事变以来，日军积极策动全面侵华的必然结果。请看屏幕，这是《1931—1937年日军侵华示意图》（图略）。

1931—1932年，日军侵占东北三省，成立了伪"满洲国"；1933年，侵占热河省；1935年，策划"华北五省自治"。五省是：晋、察、冀、鲁、绥；1936年，制定全面侵华的《国策基准》；同年，日军增兵华北，侵占丰台。此时，北平的外围形势是：自丰台至山海关铁路沿线均由日军驻扎；东面有建在通州的汉奸政权——"冀东防共自治政府"；北面有日本的关东军一部；西北面有日军控制的察北伪蒙军。

卢沟桥位于北平城西南的永定河，控制着平汉铁路，当时的卢沟桥，已成为北平通往其他地区的唯一通道。如果卢沟桥被日军占领，北平难保，华北也将陷入日军之手。吞并华北，把华北作为全面侵华的"国防资源"基地，这是日本的既定国策。在这样的背景下，日军挑起了卢沟桥事变，开始了全面侵华。日军制订的全面侵华的方针是什么？

学生4：速战速决，3个月灭亡中国。

老师：正确。日军的方针是速战速决，3个月灭亡中国。在亡国灭种的危急关头，卢沟桥守军奋起抵抗，中国开始了全民族抗战。

二、中国全民族抗战

老师：中国的全民族抗战，开辟了世界上第一个大规模的反法西斯战场。请大家思考：为了把全民族抗战的力量凝聚在一起，中国采取了什么策略？

学生5：抗日民族统一战线策略。

（一）抗日民族统一战线

老师：中国共产党积极倡导建立抗日民族统一战线。抗日民族统一战线初步形成的标志是什么？

学生6：1936年西安事变和平解决。

老师：正式形成的标志是什么？

学生7：国民党中央通讯社发表《中国共产党为公布国共合作宣言》。

老师：1937年9月，国民党中央通讯社发表《中国共产党为公布国共合作宣

言》，蒋介石发表讲话。这两件事，标志着抗日民族统一战线的正式形成，也标志着第二次国共合作的实现。毛泽东主席讲，抗日民族统一战线的形成，"将对打倒日本帝国主义发生决定性的作用"。毛主席为什么这样讲？

学生：（没人回答，处于思索状态）

老师：在抗日民族统一战线旗帜的引导下，中国出现了什么局面？

学生8：全民族抗战的局面。

老师：对！全民族团结抗战最重要的表现是国共合作抗日。国共两党领导的军队，分别担负着正面战场和敌后战场的作战任务。

（二）正面战场和敌后战场抗战

请看屏幕表（一）1937—1940年正面战场抗战的内容［表（一）（二）（三）资料来源：郭雄等编《抗日战争时期国民党正面战场重要战役介绍》；刘红著《蒋介石大传》；王桧林主编《中国现代史》］，谁来给大家读一下。

表(一)1937—1940年正面战场抗战	
防御阶段	进入相持阶段
▲1937—1938年国民党组织淞沪、太原、徐州、武汉四大会战歼灭日军30多万，国民党军队伤亡70多万。八路军与友军合作，在太原会战中取得平型关大捷。	▲1939年国民党组织长沙会战歼灭日军2万。▲1940年枣宜会战歼灭日军4万，张自忠等血战殉国。

表(一)说明国民党抗战的表现如何？正面战场抗战有何意义？

学生9：朗读表（一）。

老师：表（一）说明国民党抗战的表现怎么样？

学生：（没人回答，处于思索状态）

老师：表（一）说明国民党在防御阶段的抗战表现怎么样？

学生10：积极组织抗战。

老师：进入相持阶段国民党爱国官兵的抗战表现怎么样？

学生11：仍在坚持和日军血战。

老师：正面战场抗战有何意义？

学生12：粉碎了日军"速战速决"的方针。

老师：对共产党的抗战有何影响？

学生13：为共产党开辟敌后战场创造了条件。

老师：请看屏幕表（二）1937—1940年敌后战场抗战的内容。先读一下吧。

学生14：朗读表（二）。

老师：由表（二）看，共产党的抗战是依靠谁在抗战？主要在哪儿抗战？是怎样抗战的？

学生15：依靠人民抗战，在日军后方，广泛开展游击战。

老师：共产党抗战依靠的是人民，打的是人民战争。八路军和新四军挺进敌后，广泛开展游击战，创建敌后抗日根据地。这些根据地对抗战有着重要影响。请看屏幕，这是1937—1940年创建敌后抗日根据地的情况（图略）。

表(二)1937—1940年敌后战场抗战

防御阶段	进入相持阶段
▲ 1937—1938年八路军和新四军挺进敌后，组织和武装广大人民，广泛开展游击战，创建敌后抗日根据地，不到5万的八路军对日作战1000多次，歼敌5万多，八路军发展到15万多。	▲ 敌后战场抗击侵华日军的一半以上。 ▲ 1939—1940年对日作战7000多次，歼灭日伪军16万，著名战役如百团大战。

表(二)说明共产党抗战有什么特点？

八路军在华北创建的根据地有晋察冀——这是第一个敌后抗日根据地；（依次显示敌后抗日根据地）。这些根据地对抗战形势有何影响？

学生16：严重威胁日军的后方，牵制和消耗了日军的大量兵力。

老师：正确。这些根据地严重威胁日军的后方，牵制和消耗了日军的大量兵力。对正面战场有什么作用？

学生17：配合作用。

老师：正确。敌后抗日根据地对抗战进入相持阶段和坚持抗战直到胜利，都有重大影响。抗日战争进入相持阶段，中国共产党领导的人民武装成为坚持抗战的中坚力量，敌后战场成为抗日的重要战场，著名战役有百团大战，请看视频（1分35秒）。从"九一八"事变到百团大战，中国人民已和日本法西斯奋战了10年。你们知道"二战三巨头"是怎样评价中国抗战的吗？

美国总统罗斯福说："假如没有中国，假如中国被打垮了，你想有多少个师团的日本兵，可以调到其他方面来作战，他们可以马上打下澳洲，打下印度。"英国首相丘吉尔说："如果日本进军西印度洋，必然会导致我方在中东的全部阵地崩溃。能防止上述局势出现的只有中国。"苏联统帅斯大林说："只有当日本侵略者的手脚捆住的时候，我们才能在德国侵略者一旦进攻我国的时候避免两线作战。"（转引自2005年8月12日《环球时报》）

1941年，苏德战争和太平洋战争相继爆发，此后，中国和苏、美、英等国

结盟抗战。请看表（三）1941—1945年结盟反攻阶段两个战场抗战。[教师读讲表（三）内容，播放"入缅作战"视频2分56秒，视频资料节选自《世纪中国》]

老师：表（三）说明中国的国际地位显著提高。请大家思考这样一个问题：使中国赢得应有的大国地位的主要原因是什么？

学生18：由于中国坚持抗战，为世界反法西斯战争做出了重大贡献。

表（三）1941—1945年结盟反攻阶段两个战场抗战

▲1941年苏德战争爆发；日军偷袭珍珠港，美英对日宣战；中国正面战场长沙大捷歼灭日军5万多。

▲1942年26国发表《联合国家宣言》，世界反法西斯同盟形成，《宣言》签名方式，苏美英中排在26国之首，中国作为世界"四大国"之一，正式出现在国际文件上；同年中国10万远征军入缅作战。（请看视频入缅作战选段：同古保卫战和仁安羌援救英军）

▲1943年中美英签署开罗宣言，规定中国收回台湾。

▲1941—1944年敌后战场对日作战5万多次，歼灭日伪军50多万。

▲1945年正面战场和敌后战场大反攻；同年中国被确认为联合国安理会五大常任理事国之一。

表（三）说明中国的国际地位显著提高，主要由于什么，才使中国赢得了应有的大国地位？

老师：中国为什么能为世界反法西斯战争做出如此重大的贡献？第一是坚持了什么策略？

学生19：坚持了抗日民族统一战线。

老师：第二，两个战场的关系怎么样？

学生20：国共合作，相互配合，共同抗日。

老师：还因为什么？

学生21：全国各族人民积极抗战。

（三）各族人民和海外华侨抗战

老师：各族人民积极抗战，著名的少数民族代表人物有回族抗日英雄——

学生：马本斋。

老师：谁能说说他的抗日事迹？

学生22：（课前同这位回族同学交谈过，让其做些准备）在冀中平原的抗日斗争中，马本斋率领的回民支队屡建战功，被称为"打不垮、拖不烂"的铁军。敌人抓走了马本斋的母亲，让马的母亲写信劝马本斋"归顺皇军"，马的母亲不但不写，还痛斥日军的罪行，最后绝食殉国。马本斋强忍悲痛，坚持抗日，并写了这样几句话："伟大母亲，虽死犹生，儿承母志，继续斗争！"

老师：毕业于我们学校的朝鲜族老校友也是在抗日中牺牲的，他是——

学生23：周文彬。

老师：谁能说说他的抗日事迹？

学生24：他曾组织工人起义，响应冀东抗日大暴动。后任中共冀东地委书记，领导冀东地区的抗日斗争。1944年被日伪军包围，在掩护其他同志突围时牺牲，那年他36岁。

老师：据统计，在抗日战争中，"全国近40个民族参加了抗战"。海外华侨也纷纷行动起来，以人力和物力援助祖国抗战。还有许多人回国参战，"仅广东籍归侨参军的就有4万多人"。（资料来源：王文泉、刘天路主编《中国近代史》）由于中华儿女万众一心，浴血奋战，中国最终取得了抗日战争的完全胜利。

三、抗日战争胜利

请看视频，边看边想，并结合视频材料和所学知识思考抗日战争胜利的原因和意义。（视频3分33秒，节选自《世纪中国》。主要内容有：正面战场反攻、美国投原子弹、苏联出兵东北、敌后战场大反攻、日本宣布投降）首先想想，对抗战胜利起决定作用的因素是什么？

学生25：全民族团结抗战。

老师：对胜利起决定作用的因素是全民族团结抗战。美、苏等国对中国的援助，也是抗日战争胜利的重要因素，但不是决定性因素，它们对抗日战争的胜利起了什么作用？

学生26：辅助作用。

老师：加速了中国抗日战争的胜利。全民族团结抗战最重要的表现是什么？

学生27：国共合作，两大战场相互配合，坚持抗战。

老师：全民族团结抗战还有什么表现？

学生28：各族人民和海外华侨积极参加抗战。

老师：抗日战争的胜利具有重大的历史意义。胡锦涛曾说：抗日战争的胜利是"中华民族走向复兴的历史转折点"。这是对抗战胜利意义的高度概括，大家想一想：为什么说抗日战争的胜利是"中华民族走向复兴的历史转折点"？

学生29：它是中国自鸦片战争以来，第一次取得的反侵略战争的完全胜利；中国收回了台湾。

学生30：它是世界反法西斯战争的重要组成部分，为世界反法西斯战争的胜利做出了重大贡献；中国的国际地位显著提高。

学生31：它为新民主主义革命的胜利奠定了基础。

老师：抗日战争中，中国共产党领导的人民武装的壮大和敌后抗日根据地的扩大，为新民主主义革命的胜利奠定了坚实的基础。抗日战争的胜利弘扬了什么精神？

学生：爱国主义精神。

老师：它弘扬了以爱国主义为核心的中华民族的伟大精神，使中华民族焕发出巨大的凝聚力和旺盛的生命力。这种伟大的民族精神，将永远激励中华儿女，为实现中华民族的伟大复兴而努力奋斗。

抗日战争是中华民族反侵略战争的一段光辉的历史，也是"一段惨痛、不幸的历史"。请看下面的材料，由此我们能得到什么历史教训和启示（屏幕打出材料1和材料2，让一名学生朗读）。

材料1　温家宝总理讲："日本发动的侵华战争，使中国人民遭受了深重灾难。"

侵华日军在中国犯下了令人发指的罪行：（1）血腥屠杀。例如，1937年的南京大屠杀，血腥屠杀中国人30多万人。（2）野蛮掠夺。例如，抢占银行等。（3）残暴统治。例如，推行"治安强化运动"，实行烧光、杀光、抢光的"三光政策"等。

材料2　如何认识日军的侵华罪行？温家宝总理讲："那场侵略战争的责任，应该由极少数军国主义分子承担。""强调以史为鉴，不是要延续仇恨，而是为了更好地开辟未来。""经过中日双方的共同努力，中日关系取得了巨大发展。2006年，双边贸易额由邦交正常化时的11亿美元增加到2073亿美元……人员往来超过480万人次。中日友好关系的发展，给两国人民带来了实实在在的利益。"

老师：温家宝总理演讲的主旨是什么？对我们有什么启示？

学生：（思考议论2分钟之后，六位同学先后发言，这里呈现的只是关键词）

主旨："和平""合作"；"以史为鉴，开辟未来"；"发展"等。启示：中日应合作，共同促进亚太地区经济的发展；中华民族团结起来，就没有克服不了的困难；应该一分为二、辩证地看待抗日战争等。

老师：以上同学的发言很有见地。我认为，温家宝总理的演讲，对我们的启示可以概括为三点：第一，辩证唯物主义的历史观。抗日战争的历史，既是中华民族反侵略战争的一段光辉的历史，也是"一段惨痛、不幸的历史"，它给中国人民带来了深重的灾难，制造灾难的是极少数的日本军国主义分子，广大日本人民也是战争的受害者。第二，科学理性的现实观。现实的日本是世界上发达的经济大国，现实的中国是世界上举足轻重的发展中的大国，两国一衣带水，两国友好关系的发展，给两国人民带来了实实在在的利益。和则两利，斗则两伤，这是科学理性、非常现实的观点。第三，面向未来的发展观。"强调以史为鉴，不是要延续仇恨，而是为了更好地开辟未来。"未来的中国一定会更强大，强大的中国一定会为世界和平做出更大的贡献。那些散布中国"威胁论"者，或是不了解中国，或是别有用心。温家宝总理在日本国会上的演讲，阐明了中国的外交主旨：和平友好合作，促进共同发展，以史为鉴，开辟美好的未来！

2007年是七七事变——全民族团结抗战70周年，也是中日邦交正常化35周年。所以，我建议班委会、团支部办个展览，主题与要求，请看屏幕上的文字。

"纪念全民族团结抗战七十周年展"

展览分5个板块，各板块主题如下：

（一）前言：中华民族伟大复兴的转折点

（二）雄狮怒吼，全民族抗战的开端

（三）国共合作，正面战场抗战

（四）人民战争，敌后战场抗战

（五）结束语：以史为鉴，中日友好促发展

要求各板块要突出主题,图文并茂。希望同学们大力协办!

教学反思

这节课是北京市基教中心历史教研部张桂芳老师指导的一节录像课。目的是为了研究与推进北京市高中历史课堂教学改革。通州区教研员张启凤老师和我校历史教师也多次参与这节课的讨论,使我获益匪浅。

第一,在教学目标方面,力图贯彻课程标准的目标与理念。"求真",即尊重历史,追求真实。从世界反法西斯保卫人类文明的角度,全面、公正、客观地评价中国的抗日战争。"增智",即通过学习,使学生增强历史意识,汲取历史智慧,增长见识。"扬善",即弘扬爱国主义精神,陶冶关爱人类的情操,使学生逐步形成辩证唯物主义的历史观和科学发展观。"助发展",即有助于学生人格的健康、和谐发展。本节课在注重目标基础性的同时,更注重发展性和实践应用性目标的确立与实施,体现"以学生发展为本"的教育理念。

第二,在教学内容方面,依据课程标准规定的内容目标和学生情况、学校实际对教材内容进行取舍;教学重点和难点也是根据课堂教学实践的需要与可行性确定的。实践证明,本课对教学内容重点、难点的处理,是适合教学实际情况的,补充的列表文本和视频资料,省时高效,生动直观,突出了教学重点。

第三,在教学过程方面,精心设计教学各环节,运用多样化的教学手段和方法,进行了历史导学的探究与实践。(1)"现实情景导入"。通过联系现实、逆向提问等方式导入,创设轻松学习、积极思考的情境,激发学习兴趣,引导学生主体参与。(2)"解读提纲导思"。通过"导思提纲"指导学生课上解读教材,独立思考,提炼要点。岳麓版历史教材主编曹大为教授讲:为了转变"不利于学生全面发展"的注入式"教本"模式,岳麓版在每本教材前设"导读",每单元前设"单元导语",每个专题课前设"导引"。本课设计"导思提纲",旨在引导学生学思结合,培养学生快速解读、获取相关信息的自主学习能力。(3)"分层设问导悟"。在学生解读教材的基础上,围绕教学目标,按历史发展的时序,分层设置不同难度的问题,为不同水平层次的学生创设不同难度的问题情境，深入浅出，难题分解，化难为易。通过边问边讲，问讲结合，师生互动，把学习的过程化解为提出问题、探究问题、解决问题的过程，引导学生思考和感悟历史。或许有人认为，记忆或背诵水平的问题没有必要问。但笔者认为，在设问时，对高一学生的历史思维能力不可估计过高。事实上，一个班学生的学习能力和学习态度有明显差异。为吸引学生全体参与，也为学生思维提供素材，有必要提问一些回忆、背诵水平的问题。正如丹东尼奥所说："在论证某个研究主题时，回忆是精选论据的前提条件。"在本课教学过程中，大多数学生能够积极思考，个别学生敢于提出与教材、与他人不同的看法，但仍有学生不敢回答问题。有些问题，学生的回答质量不高。究其原因，在于执教者本人未能追问、质疑学生所答问题的依据，引导学生逐步深入思考。当然，内容太多、担心时间不够对此有一定影响。（4）"练习质疑导用"。通过应用练习和练习应用中的质疑，引导学生关注现实，学以致用，尝试知行合一。通过探讨抗日战争胜利的原因和意义、历史教训与启示，指导学生举办展览，旨在增强学生对抗日战争的理性认识，培养求真、求实的科学态度；让学生在办展览中体验阅读史料、探讨问题、应用所学知识的思路与方法，由"学会"发展为"会学""会用"。

这节课使我对"过程与方法"有了新的认识。教学过程是教师指导学生学习的过程，指导是艺术——尊重学生主体，激发兴趣，课堂设问策略的灵活运用，都是教学艺术化的体现。指导是技术——整体设计，过程管理，练习应用，学法指导策略的运用，都是教育科学化与专业化的体现。教学实践中，各项策略应相互协调、共同支持教学活动的开展，从而达到使学生学会学习、学会做事、学会做人的既定学习目标。

这节课也让我有了成功的喜悦。在我校组织的高一综合实践活动中，高一（4）班有15名学生主动报名参加了"抗日战争研究性学习课题组"，他们按5块展板的主题分成5个研究性学习小组，围绕相关主题查找资料，实地考察卢沟桥，参观中国抗日战争纪念馆，从不同角度自主探究抗日战争问题；认真设计、制作展板，完成了"纪念全民族团结抗战70周年展"，并在年级综合实践成果展评中获得一等奖。

　　教书育人的确是十分辛苦的事。"子在川上曰: 逝者如斯夫! "教之以心的辛苦甘甜, 已消逝于宇宙深处; 动之以情的育人之歌, 则汇成波涌浪叠的惊天洪涛, 会永远在学生的心中轰鸣。上善若水, 诲人不倦, 立德树人, 宁静致远。

　　　　　　　　　　注: 本文发表于2008年《中学历史教学参考》。

附录二

讲座实录："话说大运河漂来的北京城"

——2022年4月为首都师范大学师生讲座

一、中国大运河的世界之最

说起中国的大运河，那可是世界级别的文化遗产，它有三个世界之最。

本次讲座的题目是：
《话说大运河漂来的北京城——〈潞河督运图〉赏析考证》

北京市历史特级教师 通州区政协特邀文史委员
大运河研究会理事贾长宽
2022年4月15日

（一）开凿最早

在春秋时期，长江流域有一个吴国的国王叫夫差。夫差为了北伐齐国，争霸中原，下令开凿了一条运河，这条运河从扬州附近的长江，北到淮安入淮河，名字叫邗沟。

为什么叫邗沟呢？这是因为它的起点城市扬州，当时叫邗城，所以这段运河叫邗沟，又称淮扬运河。它是京杭大运河最早开凿的一段运河，也是世界上有明确文献记载的最早运河，被尊称为世界运河的开山鼻祖。

邗沟是什么年代开凿的呢？

公元前486年，距今已有2500多年。

以公元前486年为起点的中国大运河，发展到隋炀帝时，成为世界上最长的运河，也是规模最大的运河，这是中国大运河的第二最。

（二）世界最长

隋朝的大运河，以洛阳为中心，南达余杭，就是现在的杭州；北达涿郡，就是现在的北京；分四段：永济渠、通济渠、邗沟、江南河；沟通了五大水系：海河、黄河、淮河、长江、钱塘江；全长2000多公里，成为世界上最长的运河，也是规模最大的运河。

隋朝的大运河是我国南北交通的大动脉，巩固了政治上的大统一，促进了南北经济与文化的大交流。

新中国开国领袖毛泽东说："隋炀帝一辈子挨骂，但大运河这件事他做对了。"

唐朝诗人皮日休说："尽道隋亡为此河，至今千里赖通波。若无水殿龙舟事，共禹论功不较多。"意思是说，隋炀帝如果没有乘坐水殿龙舟游玩儿的事，他开凿大运河的功劳，可以和大禹治水相提并论。

隋朝的大运河，发展到元世祖忽必烈时，又成为世界上科技水平最高的运河，这是中国大运河的第三最。

（三）科技水平最高

元世祖忽必烈定都大都，就是现在的北京城。为了解决元大都的漕粮运输问题，元世祖决定：全线贯通大运河。

这是一项伟大的工程。让谁来主持这项工程呢？忽必烈想到了一个人，这个人就是举世闻名的科学家郭守敬。随后，元世祖任命郭守敬掌管全国的河道水利工程。

郭守敬上任之后，首先主持开通了山东的会通河，从临清到东平，使大运河的漕船不再绕行洛阳，可以从杭州直达通州。

从通州到大都城的河道水量不足，无法行船。怎么办？

他徒步行走，寻找水源。当他走到昌平时，发现了白浮泉。这白浮泉，水量又足、水流又稳定。郭守敬精心设计、精心施工，把白浮泉水引到西湖，就是北京颐和园的昆明湖，又引水到大都城内的积水潭，再从积水潭引水到通州的张家湾，开通了通惠河。

怎么能使通惠河的漕船，从低处的通州，驶向高处的大都城呢？

郭守敬在通惠河上巧设了24道闸，开创了梯航式闸坝技术。这项技术远远领先于其他国家，700年后的今天，高科技的三峡大坝水利工程还在使用这项技术。

京杭大运河的源头在哪儿？如图：

元代京杭大运河的终点在哪儿？如图：

▲北京积水潭"汇通祠"与郭守敬铜像/长宽摄图

通惠河通航后，江南的粮船在积水潭首尾相接，舳舻蔽水，大都人争先观看。元世祖忽必烈正从上京回来，在万宁桥上看到舳舻蔽水的盛况也不禁大喜，当即命名从万宁桥到通州的河道为"通惠河"。

元代通惠河到高丽庄入潞河，通惠河的河口闸在哪儿？

如图：张家湾土桥及河口上闸镇水兽。

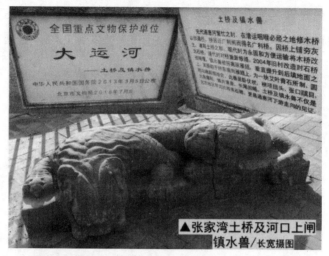

▲张家湾土桥及河口上闸
镇水兽/长宽摄图

什么是梯航式闸坝技术？

举例说，元代通惠河的最后两道闸都在通州的张家湾镇。通惠河的河口闸又称广利闸。河口下闸在张家湾镇的张家湾村，河口上闸在张家湾镇的土桥村。当漕船驶过河口下闸后，关闸截水，同时打开河口上闸放水，水位上升。漕船行驶到河口上闸时，河口上闸的上下水位持平，漕船驶进河口上闸，就进入了上一层航道。以此类推，漕船就像行驶在阶梯式的航道上，一层一层地驶向大都城，这就是梯航式闸坝技术。

到了明朝，明世宗嘉靖七年，监察御史吴仲，把通惠河的河口从张家湾，北调到通州大光楼北侧，这就是我们现在能看到的通惠河。

至此，作为世界文化遗产的京杭大运河完全形成。

请问：作为世界文化遗产的中国大运河就是京杭大运河吗？

二、世界文化遗产大运河

（一）地跨八省直辖市沟通五大水系

中国的大运河地跨多个省，沟通了海河、黄河、淮河、长江、钱塘江五大水系。

（二）十大河段

1.京杭大运河7段。

2.京杭大运河延伸1段，即浙东运河。

西起浙江杭州钱塘江，流经春秋时期（公元前5世纪）开凿的绍兴山阴故水道，至宁波甬江入海口，全长239公里。浙东运河是京杭大运河的延伸段，使大运河与海上丝绸之路相连；隋唐大运河的中心点洛阳是陆上丝绸之路的起点，进而形成了"一个必然存在的文化、商品、信息的大交通、大循环"。

3.隋唐大运河2段。

（1）隋唐永济渠：卫河的前身。卫河因主要流经春秋时卫国而得名。发源于太行山南麓河南省焦作市，东北流至山东临清汇入南运河。

（2）隋唐通济渠（唐宋称汴河）。自河南省郑州市荥阳汜水镇出黄河，流经河南的郑州、开封，安徽的宿州，到江苏淮安市盱眙入淮河。

（三）大运河巨大和深远的影响

1."中国大运河是世界上唯一一个为确保粮食运输（漕运）安全，以达到稳定政权、维持帝国统一的目的，由国家投资开凿和管理的巨大工程体系。""全长3200公里，堪称一部大地史诗。"

这段话概括地说大运河是什么？

世界唯一的巨大工程体系，堪称一部大地史诗。

2."它是解决中国南北社会和自然资源不平衡的重要措施，以世所罕见的时间与空间尺度，展现了农业文明时期，人工运河发展的悠久历史阶段，代表了工业革命前，水利水运工程的杰出成就。"

这段话概括地说大运河代表了什么？

代表了世界工业革命前水利工程的杰出成就。

3."它实现了在广大国土范围内，南北资源和物产的大跨度调配，沟通了国家的政治中心与经济中心，促进了不同地域间的经济、文化交流，在国家统一、政权稳定、经济繁荣、文化交流和科技发展等方面发挥了不可替代的作用。"

这段话概括地说大运河在中国古代发挥了什么作用？

在中国古代发挥了不可替代的积极作用。

4."中国大运河由于其广阔的时空跨度、巨大的成就、深远的影响而成为

文明的摇篮,对中国乃至世界的历史都产生了巨大和深远的影响。"

这段话概括地说大运河是什么?

大运河是中国与世界文明的摇篮。

以上是大运河4点巨大和深远的影响。大运河对北京城有什么巨大的影响呢?

三、大运河漂来的北京城

(一)北京建城始于何时何地

如图:在北京西城区广安门桥以北,护城河西岸的滨河公园内,矗立着一座蓟城纪念柱。

▲蓟城纪念柱/长宽摄制

中科院院士侯仁之先生在碑文上写道:"北京建城之始,其名曰蓟。""武王克殷反商,未及下车而封黄帝之后于蓟。""周武王之灭纣(公元前1046年),封召公于北燕。""燕并蓟,移治蓟城。"经史学家考证,西周蓟城中心位置在北京广安门一带。

北京建城之始,距今已有3000多年。

（二）北京城作为国都始于何时

辽南京包括蓟城。公元938年，辽太宗耶律德光将燕云十六州的幽州（今北京）定为"南京幽都府"。辽有五京，即上京临潢府，中京大定府，东京辽阳府，西京大同府和南京析津府。辽南京是辽五京之一，实为陪都，还不是国都。

北京城作为国都始于何时？

金灭辽之后，辽南京改称燕京。公元1153年，金太祖完颜阿骨打之孙——完颜亮，迁都燕京改称中都。金中都是将辽南京扩大而成，城周长约37里，近正方形。其特点一是，北京西站附近的莲花池即莲花河，贯穿金中都。这条河，解决了金中都的生活用水。特点二是，北护城河是金口河，横贯北城墙外，向东连通金闸河，东到通州潞河。这条水道负责漕运，向金中都运输粮食等物资。

金中都是北京城在历史上作为中国国都的开始，距今869年。但是，金中都还不是全国的都城。

（三）北京城作为全国的首都始于何时

蒙古大汗帝国灭金之后，成吉思汗之孙——元世祖忽必烈，命刘秉忠在今内蒙古正蓝旗上都镇，闪电河畔以北，兴筑新城，名为开平府，作为藩邸。

公元1259年，忽必烈长兄蒙哥大汗病逝。

1260年，忽必烈即汗位于开平，建元中统。与留守和林的幼弟阿里不哥，发生了争夺汗位的战争。忽必烈把开平作为前沿基地，历时4年，战胜了阿里不哥。

中统四年（1263年），升开平府为元上都，以取代蒙古大汗帝国的都城和林（在今蒙古国境内）。

中统五年（公元1264年），改年号为"至元元年"，在燕京即金中都的基础上，开始建造新都城，以琼华岛（今北海）为中心兴建宫城、皇城等。

至元八年（公元1271年），元世祖取《易经》"大哉乾元"之义，改国号蒙古大汗帝国为"大元"。

至元九年（公元1272年），元世祖改中都名为大都，定都大都（不是迁都），大都开始作为全国的首都，距今750年。

此后，元上都作为元朝皇帝避暑的夏都，形成两都制的格局。每年四月，皇帝去上都避暑，八九月秋凉返回大都。

1988年，北京建造了"元大都城垣遗址公园"，跨朝阳、海淀两区，全长18里，19个景点，展示了元代至今，北京城700多年的发展脉络。

元大都城垣：南起建国门、长安大街到复兴门。复兴门北行西二环至西土城路甲2号，就到了元大都城垣遗址公园"蓟门烟树"景点，是公园的西端起点。象征古城北京发展的早期阶段，并以春天的蓬勃朝气，寓意城市的美好未来。

"蓟门烟树"为燕京八景之一。它的由来与乾隆皇帝有关。乾隆皇帝"寻幽访胜到此，登土城墙远望，绿树成荫，云雾缭绕"。乾隆帝诗兴大发，即席而作："十里轻扬烟霭浮，蓟门指点认荒丘。"随后立一石碑，御笔亲题"蓟门烟树"四个大字。此后，"蓟门烟树"成为官定的燕京八景之一。其实此处不是蓟门，而是元大都的肃清门。

"蓟门烟树"北行至北土城西路，再东行至元大都北城垣的健德门东侧，就到了"双都巡幸"景点。这个景点反映了元朝皇帝春秋往返、百官迎送的场景。元大都与元上都并重，反映了草原文化与中原文化相结合的元朝社会、政治、文化特点。

"双都巡幸"东行至元大都北城垣安贞门南侧，就到了"安定生辉"景点。这个景点全面展示了元朝的亮点，特别值得一看（从首师大骑行到"安定生辉"景点约14公里）。

"安定生辉"东行至朝阳区北土城东路南侧、元大都东城垣光熙门北侧，就到了公园的最东端——"龙泽鱼跃"景点。是北京城区内最大的人工湿地，也是坝河的水源地之一，元坝河的起点在光熙门附近。

请看视频："安定生辉""龙泽鱼跃"。（约5分钟）

元大都奠定了现代北京城的基础。北京何时开始叫北京的？

（四）北京城何时开始名北京

1.明太祖改大都为北平

明太祖洪武元年（公元1368年），朱元璋派大将徐达、常遇春率军北征，七月抵达通州，元顺帝逃往上都开平避难。八月初二，明军攻陷大都齐化门入城，明太祖将大都改名为北平。

2.为迁都改北平为北京，开始营建北京城（永乐元年）

明太祖的嫡孙建文帝，即位后采取削藩政策。明太祖的第四子燕王朱棣，发动靖难之役。

建文四年（公元1402年），朱棣胜利，在南京称帝，年号永乐。

永乐元年（公元1403年），雄才大略的永乐皇帝认为，北平乃"龙兴之地"，可北控大漠，南扼中原。

为迁都北平，加强对北方和东北地区的控制，永乐皇帝改北平为北京，开始大规模营建北京城，距今620年。

3.北京城"告成"，迁都北京（永乐十九年）

永乐十九年（公元1421年）正月，北京城"告成"，永乐皇帝迁都北京。

北京城规模宏大，气势非凡，体现了中国古代城市规划的最高成就，被称为"地球上人类最伟大的个体工程"。

清朝基本沿袭明朝北京城的格局。我们今天的北京城区就是从明、清北京城发展来的。

如图：

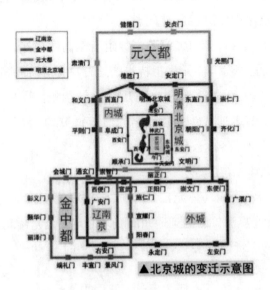

▲北京城的变迁示意图

（1）元大都城与明北京城主要有何不同？

（2）北京城分为哪三城？

（3）京城九门是哪九门？

（五）漂来的北京城

老辈人谈及北京城的来历时，总爱说这么一句话："北京城是漂来的。"这座六七百年的古城，会是漂来的吗？

北京城的确是漂来的。这个"漂"是形象化了，其实是大运河"运"来的。

悠悠运河水，为北京城带来如梦繁华。什刹海（积水潭）虽深居内陆，却早在元代因漕运而兴旺。元代以布衣科举考试到京师的傅若金赋诗赞曰："舳舻遮海水，仿佛到方壶。""舳舻"，指前后首尾相接的船。"仿佛到方壶"的意思是，仿佛到了东海蓬莱仙境。

北京城"千帆尽举"的场面，是从哪里开始的呢？

1.京杭大运河最早的北京漕运码头

《皇明经世文编》记载："通海运，用之以足国，则始于元焉。初伯颜平宋，命张瑄等以宋图籍自崇明由海道入京师。""伯颜平宋"说的是元世祖至元十六年（公元1279年），元军攻陷南宋都临安，与海盗朱清为伍的上海浦东人张瑄审时度势，率众归顺元朝。大统一的元朝，漕粮北运是一大难题。张瑄向元世祖建议海运漕粮，世祖欣然同意。

张瑄的海运漕船到天津卫，沿潞河故道行至高丽庄东，无法上行，在此泊岸，漕粮改由陆路运抵京城。元世祖特设漕运万户府，任命张瑄为万户。张万户成为中国开辟海上漕运的第一人，也是开辟张家湾漕运码头的第一人。大运河全线贯通后，张家湾迅速成为全国闻名的漕运码头，其名称"张家湾"也因张万户督运漕粮至此而得名。

2.盛极一时的张家湾

自元世祖至元十六年（公元1279年），张瑄漕运至张家湾，到明代嘉靖七年（公元1528年）通惠河口北调到通州旧城东北角外大光楼北侧，历经249年，张家湾的漕运码头、货运码头、客运码头，盛极一时。

如图：

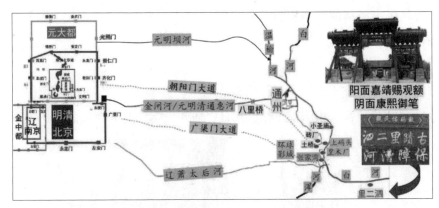

▲北京城与通州及张家湾水陆关系示意图/长宽制图

"运河水长长，满河里走皇粮，两岸买卖铺，吃饱喝足了有地儿住，四通八达都是路。"这首通州民谣，形象地说出了通州大运河对北京的重要作用。

《元史·食货志》写道："元都于燕，去江南极远，而百司庶府之繁，卫士编氓之众，无不仰给于江南。"《明史·食货志》写道："漕为国家命脉攸关，三月不至，则君相忧；六月不至，则都人啼；一年不至，则国有不可言者。"

北京现存最早的河渠志书，是明嘉靖巡按直隶监察御史吴仲编撰的《通惠河志》。《通惠河志》记载："漕运粮储，国家大计。容受之多，车不如船；阴雨之行，陆不如水；舟车并进，脚价倍省，此闸河（通惠河）之不可以废也。"

都城漕粮命脉，百官、万民的衣食粮饷皆与大运河系于一线。元大都城的粮食、食盐、丝绸、茶叶、水果等生活必需品，大部分都依赖大运河从南方运到通州，再通过陆路或坝河、通惠河向京城运输。到了明代，建设北京城的大部分砖石木料，也是通过大运河运抵北京城。因此，民间老百姓就形象地说，北京城是大运河漂来的。

3."先有皇木厂，后有北京城"

《明史·食货志》记载："永乐四年，遣尚书宋礼如四川，侍郎古朴如江西，侍郎师逵、金纯如湖广……各采木。""烧造之事，在外临清砖厂，京师琉璃、黑窑厂，皆造砖瓦，以供营缮。"

由于皇家建筑木材须经运河输送到京城，因此在通州的大运河畔，开设

了两个皇木厂。一个在通州张家湾，一个在通州北关。

通州张家湾镇的皇木厂村与张家湾村本是一个村，后来把位于张家湾古城东门外护城河（今玉带河）和大运河故道的夹河堤上之地，命名为皇木厂村，现在叫皇家新村。

老通州俗语："先有皇木厂，后有北京城。""舳舻千里"的大运河古道，重达20吨的花板石、600年的古槐，见证了通州大运河与北京城的密切关系。

在张家湾皇木厂村一片宽阔的湖面岸边，立着一块刻有"舳舻千里"的石碑。此湖是京杭大运河古道遗址，当年的漕船首尾相连，一眼望不到边，排列在自张家湾往东南到里二泗的大运河的河面上，可见当时的漕运盛景。

▲通州三庙一塔大院内保存的三根巨型皇木

　　皇城建筑所用贵重木料是由运河运到北京的。2005年，在通州运河挖掘出土了8根巨型皇木，有3根保存在三庙一塔大院内，至少有千年树龄。大号的格木，长10.85米，重3吨多，截面方形，边长均为60厘米，与金丝楠木同等质量，长成这种规模需要上千年。其余两根"硬合欢"，中号的长8.1米，重3吨多；小号的长7.5米，重2吨。这3根皇木质地坚硬，为当时皇城建筑所用贵重木料。

　　如图：这是通州张家湾镇皇木厂村口摆放的巨大石料花板石。

　　花板石厂遗址位于今皇木厂村南口外。1998年京哈高速路垫路基时，曾在皇木厂村取土。结果，出人意料之外，挖出了46块巨石，俗称"花板石"，学名是竹叶纹石灰岩。这些巨石产自山东，是建皇城、皇陵所用的石材，从其出土位置在大运河故道西岸，可断定石块出土之处就是张家湾花板石厂。据历史文献记载，永乐四年（公元1406年），明朝将所采征建材沿大运河运至通州张家湾存放，工部在此设皇木厂、花板石厂。这些材料在此加工，再通过陆路或水运到北京。

如图：

▲这是皇木厂村古槐/长宽摄图

这是皇木厂村古槐。皇木厂古槐碑文："这株国槐位于明代朝廷所设皇木厂的东南角外，胸径1.6米，铁干遒劲，埋枝拂地，为特色景观。永乐四年（公元1406年）至嘉靖七年（公元1528年），北京皇家建筑所用的珍贵木材沿大运河运到此地存储，管理官吏在木厂周围植槐，今仅余此株，是建设北京的历史见证。"

皇木厂村86岁的李树德老爷子说："皇木厂两头尖，引进风水土地龛，村子不大七个名，四大三小七佛龛。"这首诗概括了皇木厂曾经有四个大庙，三个小庙，供有七个佛龛。皇木厂曾经有小张湾、江米嘴、留乐店、盐场等七个名。"这江米嘴，也就是糯米（有黏性），可不是用来吃的，而是用来砌城墙用的。""留乐店是供往来的官员做驿站用的，留乐店的房屋建设也很讲究，木质结构都是从江西运来的红杉木建造的，可见当年漕运码头的繁盛。"在新中国成立前，皇木厂村有一马姓人家，购置了皇木厂厂址的二十亩地。"这块地被马姓人家买了以后，门楼地下发现四块金砖。"

据专家介绍：紫禁城里的金砖，"产地是江苏的苏州府，烧制金砖的窑被称为'御窑'"。"金砖不是真金，它的制作方法特别独特，工艺也很复杂严格，一块金砖的制作过程大约需要一年。"烧制好的金砖，顺着大运河运到通州，再经过陆路或水运到京城。皇木厂村北，大运河故道两岸有上码头村，在今北京绿心公园。上码头村村西,通惠河故道东岸是砖厂村,因明朝北京城主要建筑所用之砖由运河漕运至此存放而得名。

4.大运河给张家湾与北京城带来了什么?

如图:

冯其庸先生题写的张家湾"归梦亭"及对联/长宽摄图

《归梦亭记》
归梦一亭 冯老所名 缅怀巨匠 纪念曹公
潞河之滨 曹氏祖茔 雪芹福葬 墓石为凭
一世飘零系两京 张家湾畔葬英灵 花枝巷内青衫影 通惠河边做骨形
此地百年埋胜迹 才萧千古耀文星 问君何处寻芹园 魂兮归来扫此亭

以上材料说明大运河给张家湾、给北京城带来了什么?

大运河在给北京带来衣食住行生活必需品的同时,也带来了南方的文人墨客,他们在大运河畔吟风弄月,使得原本豪放、豁达的北方文化融入了婉约、细腻的江南情思。

可以说,没有大运河,就没有漕运码头张家湾,北京城就没有了京城建设所必需的金砖大木与物质生活的保障,也不会有南北文化融合的京味儿文化。从这个意义上说,北京城的确是大运河"漂"来的。

有人说北京胡同也是漂来的。从许多地名中,我们还能找到北京城与运河息息相关的痕迹。例如,北京城有"禄米仓胡同""海运仓胡同""北新仓胡同"等。距北京城东40里的通州城,与大运河息息相关的实例更为突出。

四、仓庾都会水陆冲逵通州城

（一）通州的旧城和新城

金天德三年（公元1511年）海陵王决定迁都燕京，因潞县是这一地区的漕运孔道，取"漕运通济"之义改称"通州"，可见通州得名与运河有着直接的关系。此后的通州，因其为京东水陆门户、漕运北端枢纽的地位，通州的城市建设受到特别的关注。

《顺天府城池考》记载："明洪武元年（公元1368年），燕山忠愍侯孙兴祖，从大将徐达定通州，督军士修其城。城在潞河西，砖甃（用砖砌）其外，中实以土，周围九里十三步，连垛墙高三丈五尺，创始严固，屹然为京东巨镇。门四，东曰通运，西曰朝天，南曰迎薰，北曰凝翠，门各有楼。"这就是通州旧城。

明武宗正德元年（公元1506），皇帝下诏增筑通州新城。新城周围七里有奇，东连旧城，门二，一曰南门，一曰西门，亦各有楼。（嘉靖）《通州志略》记载：正德六年（公元1511年），李贡以通州乃"国储所在"为由，又奏请再修通州新城。"新城旧基，增筑五尺，其外为砖，内实以土，上复为垛墙六尺有咫（八寸为咫）。"《顺天府城池考》记载：万历十九年，密云兵备副使王见宾建言："通为畿辅咽喉，新城粮储重地，非他郡城垣可比。"于是又大加拆修，南门题曰望帆云表，西门题曰尺五瞻天。这就是通州新城。

因"旧城东北受冲，新城西南临晒米厂可容万马，更受敌冲，遂各建敌台一座，形如扇，自左至右长十二丈，高三丈七尺，分下、中、上三层，俱有炮门、仓廒"。这就是通州旧城东北角敌楼与新城西南角敌楼。清乾隆三十年（公元1765年），奉旨拆去旧城西门，并将新旧二城合而为一。

如《通州志·城池图》所示，通州城的重要特征是：通惠河波分凤沼，官衙多且与漕运仓储有关。

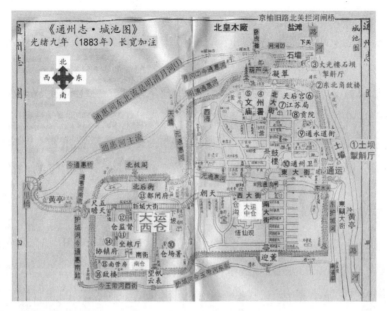

（二）天子之外仓

如图：通州大运西仓仓廒遗址。

▲通州大运西仓仓廒遗址/长宽摄图

如图：京城内的皇家官仓——南新仓仓廒遗址。

▲北京南新仓仓廒遗址/长宽摄图

1.京城之内的皇家官仓——南新仓

南新仓位于朝阳门北的东四十条,是明清两朝京师储藏皇粮、禄米的皇家官仓之一。

仓是总称,廒是贮粮库房。明代南新仓的仓廒,在构造上,以廒为贮藏单位,每3~5间为一廒,每廒面阔约24米,进深为18米,高约8米,前后出檐。由于是京师储粮重地,所以,南新仓与城墙一样按军事标准建造,全部用大城砖砌成。清代京通仓廒的建筑更加讲究,修有排水管道、防潮设施、通风设施等。

2.京城"九门""十三仓"

老北京有"京城九门十三仓"之说。"九门"说的是朝阳门等京城的九座城门。"十三仓"说的是供给京城的皇家粮仓,包括京城内七仓、京城以外六仓,统称为"京城十三仓"。这些粮仓共同担负着京师储粮的重任,维系着首都北京的正常运转。据《钦定八旗通志》(八旗仓廒)记载,京城十三仓的概况如下:

名称	十三仓位置	仓廒数
1.北新仓	东直门南小街东侧	86座
2.海运仓	同上	100座
3.兴平仓	朝阳门北小街东侧	81座
4.南新仓	同上	76座
5.富新仓	同上	64座
6.旧太仓	同上	89座
7.禄米仓	朝阳门南小街东侧	57座
8.太平仓	朝阳门外	86座
9.万安仓	同上	93座
10.裕丰仓	东便门外	63座
11.储济仓	同上	108座
12.通州西仓	通州新城内	151座
13.通州中仓	通州旧城内	108座

为什么地处远郊的通州仓廒能和京城内的仓廒相提并论？

在海陵王升潞县为通州的同一年，就在通州建了丰备仓等粮仓，储粮约100万石。从此，通州就成为国家皇粮的仓储之地。

元朝时，通惠河的开通，使京通仓储连为一体。据《通州志》记载：元成宗时通州有八仓，后增五仓。

永乐皇帝迁都北京后，京城和通州的粮仓，统称为天子之仓，"京仓为天子之内仓，通仓为天子之外仓"。《明英宗实录》记载：正统元年定通州仓名，"在（旧）城中者为大运中仓，（旧）城内东者为大运东仓，（旧）城外西者（新城内）为大运西仓"。通州新城建筑之后，又添设大运南仓。至此，通仓有廒760多座，储粮达900多万石。明穆宗隆庆三年，东仓并于中仓。

到了清初，通州有大运三仓。

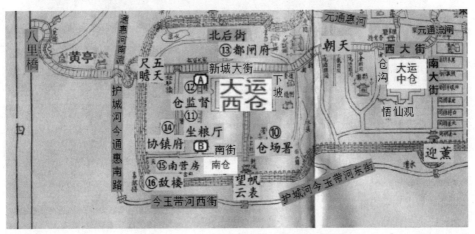

大运中仓：北到通州西大街，东临南大街，南至今悟仙观北侧，西靠仓沟，今中仓路。

大运西仓：新街下坡西侧，就是大运西仓的东墙所在地；北墙在新城大街即中山大街南侧。中山街西行到首师大附中通州校区北门外，路北侧有都闸府，管理通惠河上五闸的启闭与修缮之事。

西仓的西墙外是大红牌楼大街，今新仓路。路北口建有大红牌楼（A），路南口建有小红牌楼（B）。

小红牌楼南行东侧建有大运南仓。

如图：

▲小红牌楼（20世纪50年代于新仓路中间部位面南拍摄）资料来源：通州区档案馆

▲首师大附中通州校区（原京兆男师、通县师范）/长宽摄图
（筑梦冰雪绘锦卷 融情杏坛书华章）

乾隆十八年（公元1753年），裁撤了南仓。至此，形成了"京通十三仓"的漕粮仓储管理体系。

3.漕粮仓储管理体系

漕粮仓储的最高管理机构是"仓场总督衙门"，设在今潞河医院北侧，简称"仓场署"。设总督仓场侍郎满汉各一员、都察院巡仓御史满汉各一员。仓场署内有理事厅，是四名朝廷大员办公之处，俗称四员厅。

仓场总督衙门之下设"通州坐粮厅"，在今北苑街道综合服务厅、官园小学处，是户部在通州分管漕粮的留守机构，有"小户部"之称，建房200余间，设满汉厅丞各一员（五品官），掌督运漕粮、漕河、仓廒等修缮事务。

坐粮厅之下的各仓均设仓监督衙门，长官为仓监督，主管全仓的事务。坐粮厅北侧建有一处大花园，俗称官园，大运西仓仓监督衙门建在官园北侧。

坐粮厅西侧，建有协镇府，俗称帅府，有从二品的武官副将居此。清代副将又称"协镇"，与兵部侍郎同级（相当于今国防部副部长），负责镇守通州的"天子之外仓"。

▲通州坐粮厅旧址/长宽摄图

▲通州协镇府旧址/长宽摄图

明朝的内阁首辅杨士奇咏赞通州城：

其一："城倚红云下，门临绿水滨。宝鞍驰骏马，多是帝京人。"

其二："清浅潞河流，常维万里舟。越罗将蜀锦，充满潞滨楼。"

（三）老通州八景之"长桥映月"

▲全国重点文物保护单位——大运河永通桥及石道碑/长宽摄图加注

蚣蝮gōng fù，据《中国大百科全书》解读是传说中的龙子老六，好水，又名镇水兽、避水兽，头部像龙，顶有双角，身体、四腿、尾巴有龙鳞，相传蚣蝮因触犯天条，被贬下凡压在巨大的龟壳下，看守运河一千年。千年后终于脱离了龟壳，获得自由。人们为纪念其护河有功，按其模样雕成石像放在河边的石礅上，用以纪念它，并镇住河水的侵袭，以保四方平安。

"长桥映月"描述的是老通州八景之一的永通桥，因西距通州州衙八里，俗称八里桥。它是北京通往山海关的通道——京榆大道的必经之地，又控制北京到通州的水陆粮道，战略地位十分重要。明清时期，朝鲜使臣多次记载八里桥，称赞八里桥"宏敞延袤，非他桥可比"。它与京西卢沟桥、京北朝宗桥、京南马驹桥、京东南的通运桥并称为拱卫北京城的五大名桥。

八里桥构造的突出特征是桥有三孔，中券（拱券）特别高，8.5米，宽6.7米，两次孔仅高3.5米，相差悬殊。这种构造是专为漕运需要设计的。通惠河运粮船多为有帆驳船，如果建造普通形式拱桥，势必阻碍漕船的航行，为此古代工匠将桥的中孔建造得特别高，漕船扬帆就可直出直入，所谓"八里桥不落桅"。桅即船上挂帆的桅杆。由于八里桥中间的桥孔特别高，船在穿过桥孔时可以不用放下桅杆。

号称"长桥映月"的永通桥南北横跨在通惠河上，它有多长呢？《漕运通志》中的《敕建永通桥碑记》曰："桥东西五十尺，为水道三券，桥南北二百尺。"实地测量，南北两端望柱之间长49.5米，东西两端栏兽之间宽约21米，内侧道宽为九轨16.6米，九轨即可容九辆马车并列行驶的路面宽度。

八里桥虽不长，但由于中券特别高，南北望，桥坡向南北延长各约百米，身临其境就感到永通桥长。凭栏东望，绿水东流，芦苇浩荡，巍巍宝塔，扶摇直上。

遥想当年，八里桥宏阔的河面上，芦花围绕着停在那里排队等着穿过桥洞的无数漕船。

桥上，车轮滚滚，昼夜不息，马褂銮铃，声声清脆。

桥下，月明之夜，三孔桥洞中各映着一轮明月，皎洁的天空中，月如银盘，清清的河水中月影浮动，水月交辉。明朝李焕文诗赞"长桥映月"：

> 湖溯昆明引玉泉，虹桥八里卧晴川。
>
> 石栏拥似天衢入，画舫摇从月窟穿。
>
> 万斛舟停芦荡雪，百商车碾桂轮烟。
>
> 渔灯蟹火鸣征铎，惊起蛟龙夜不眠。

（四）御制通州石道碑

八里桥南往东行约200米，京通快速路北侧有御制通州石道碑。

通州石道是通州至朝阳门的陆路漕运要道，也是京东进京和皇帝东陵祭祖的必经之路。雍正帝敕筑此路"计长五千五百八十八丈有奇，宽二丈；两旁修土道各宽一丈五尺，长亦如之。其由通州新城、旧城至各仓门及东西沿河两道，亦皆建修石路，共计长一千五十余丈，广一丈二尺及一丈五尺不等"。为纪念敕筑石道事，雍正十一年（公元1733年）制立通州石道碑。碑高7米，负屃龟趺，其精其巨，堪称京东之冠。

通州石道碑亭　　　　石道碑南面：负屃盘绕碑首　　负屃龟趺：石道碑东侧的文龙

▲御制通州石道碑/长宽摄制

何为"负屃龟趺"？

《中国吉祥图说》："龙子负屃，身似龙，盘绕在石碑头顶。"负屃是传说中的龙子老八，石碑两侧的文龙是其形象。我国碑碣的历史久远，内容丰富，它们有的造型古朴，碑体细滑、明亮，光可鉴人；有的刻制精致，字字有姿，笔笔生动；也有的是名家诗文石刻，脍炙人口，千古称绝。而负屃十分爱好这种闪耀着艺术光彩的碑文，它甘愿化作图案文龙去衬托这些传世的文学珍品，把石碑装饰得更为典雅秀美。在碑首的负屃互相盘绕，与碑两侧的文龙、碑座的"龟趺"相配在一起，更觉壮观。

"龟趺"又称赑屃，是传说中的龙子老大。明代三大才子之一的杨慎说龙子："赑屃，形似龟，好负重，今石碑下龟趺是也。"

龙子老大赑屃，力大无穷，勇担重任，是担当与长寿吉祥的象征。

龙子老八负屃，雅好斯文，烘衬碑文，慎终追远，昭示华夏龙的传人。

雍正帝撰写的石道碑文写道："自朝阳门至通州四十里为国东门孔道。凡正供输将，匪颁诏糈（精米）由通州达京师者，悉遵是路。潞河为万里朝宗之地。四海九州，岁致百货，千樯万艘，辐辏云集，商贾行旅，梯山航海而至者，车毂织络，相望于道，盖仓庾之都会而水陆之冲逵也。"通州战略地位之高，经济繁荣之景，跃然于碑文之中。

如图：这就是描述康乾盛世通州繁荣昌盛的《潞河督运图》全图。

尾段	中段	首段	画首

五、《潞河督运图》赏析考证

（一）《潞河督运图》背景地之争

《潞河督运图》现藏于中国国家博物馆，创作于清朝乾隆时期，正五品的冯应榴奉使通州坐粮厅，为了记述通州潞河的繁荣景象，请画家江萱绘制而成。整幅画卷纵41.5厘米，横680厘米，画首篆题"潞河督运图"。

"潞河督运"是指官员督察潞河的漕运。《潞河督运图》绘有各种人物共计820人。图上帆樯林立，河道两岸还有码头、衙署、店铺、酒肆、民宅等建筑，可谓琳琅满目，极富生活气息。卷尾处冯应榴自书题跋："此余于乾隆丙申（1776年）以考功郎中奉使坐粮时，倩京口江萱所绘潞河督运图也。"擅长鉴赏文物的著名建筑学家朱启钤卷尾处题跋："意味尤近乎张择端《清明上河图》之作，允为国家重宝。"

关于《潞河督运图》描绘的背景地，有"通州张家湾说"与"天津三岔河口说"两种观点。

文物出版社出版的《古韵通州》一书中收录的中国历史博物馆研究馆员王永谦先生《〈潞河督运图卷〉的初步研究》一文，认为《潞河督运图》画的是北京通州的景色。2011年，在央视《国宝档案》节目中主持人说道："据专家介绍，《潞河督运图》从汪洋一片的张家湾画起……反映的地区绵延十余里"。

《津门杂记》载："城东北二百步，为白河（潞河）、卫河（南运河）之尾闾，交流汇入于海河，名曰三岔河口。"天津市历史博物馆陈克老师认为："潞河督运图描绘的是乾隆末年坐粮厅使冯应榴乘官船经潞河前往天津三岔河口一带视察漕运的情景。"其理由是"关于此画卷的内容，朱启钤的跋文考证，大致是通过图卷中所绘人物的服饰、名物推断其身份，通过地形与建筑推断地点，用心良苦。王文基本上也是采用朱跋的说法，但是讲不通的地方很多"。（引自天津《今晚报》）

2020年11月1日，"舟楫千里——大运河文化展"在中国国家博物馆面向公众开放。饱受争议的不朽画作《潞河督运图》真迹也出现在大展中，和以前展出不同之处是国博的说明词改了。《潞河督运图》是乾隆年间漕运盛景的生动写照。早期认为此图记录了通州潞河的漕运情况，近有学者研究认为，图中描绘的应是潞河尾闾天津三岔河口一带。（引自2020年11月10日，人民日报海外版《国博举办大运河文化展翻开大运河流淌千年的诗篇》）

假作真时真亦假，实事求是贵求真。《潞河督运图》到底画的是哪里的什么呢？

（二）《潞河督运图》首段画的是什么

首段的主要分歧点是《潞河督运图》首段画的是哪儿的什么景物。

主张"通州说"学者认为：是"从汪洋一片的张家湾画起"，画的是通州的

景物。

主张"三岔河口说"的学者认为："整个北运河"哪儿也找不出"汪洋一片的"宽阔水面。《潞河督运图》整幅画面是以海河"盐坨春季开坨为核心，向左右两侧展开"，向右侧展开的是首段，画的是海河右岸的"皇船坞""马家口炮台"，"岸边停泊的船俨然是海船"。（引自天津《今晚报》《〈潞河督运图〉画的是天津》）

我认为《潞河督运图》首段画的既不是张家湾，更不是海河右岸，而是通州八景之"二水汇流"处即潞河北端的景物。请看《潞河督运图》①首段。

《潞河督运图》①首段
清乾隆丙申年冯应榴倩江萱绘／长宽加注

理由1：据《通州志略》记载："白河之水自潮河川，而富河之水自白羊口，二水至州东北合二为一以入运河，沙嘴斩然如削，天造奇观也。"白河即潮白河，富河即温榆河，二水在通州城东北，今北关拦河闸北侧汇流入潞河。自东北而来潮白河的流量大大超过温榆河，因此潞河又称白河。明代归有光《初发白河》诗："白河流水日汤汤，直到天津接海洋。我欲乘舟从此去，明朝便拟到家乡。"二水汇流处是潞河北端起点，水面相当宽阔。"整个北运河"哪儿也找不出"汪洋一片的"宽阔水面的说法太绝对了。

理由2：《潞河督运图》画的不是天津海河的皇船坞，而是通州潞河的皇船坞。通州潞河的皇船坞，在"二水会流"处附近，即今北关拦河闸桥北侧潞河北端西岸。《通州志略》记载"柳荫龙舟"："城北五里许，河水潆洄，官柳民田，阴森掩映，黄艇十艘，彩饰龙凤之形，常泊于此，名皇船坞是也。"许多诗作描写了通州"柳荫龙舟"。例如，明王宣诗："御船连泊俯清漪，垂柳阴阴翠作围。"又如，清代天津著名诗人王维珍诗："柳堤飞絮白满天，低荫龙舟景缆牵。"明成祖朱棣迁都北京之后不久，就在此地建立了皇船坞，是宫廷专用码头。明清时期宫廷御用物品需要向江南购置，就在这里发船或由此转运至京城。清代《畿辅通志》记载："皇船坞，按（康熙版）《州志》，在北门外，永乐间设船十只，曰水坞殿，属工部董理，五船轮往江浙织造，今仍旧。"《通州文物志》记载，1960年建北关拦河闸桥施工时，"此处曾发现有不少条石，很可能皇船埠码头就位于此处"。《潞河督运图》证明，皇船坞就在此处，即今北关拦河闸桥北侧潞河北端西岸。

理由3：皇船坞东侧画的是烟墩，不是炮台。《顺天府部杂录·边防考》：通州境有烟墩五："曰召里店、烟郊、东留村、大黄庄、高丽庄"。烟墩是烽火台的俗称，是古代用于点燃烟火传递重要消息的高台。皇船埠的烟墩就是这种高台。它是通报敌情的重要军事防御设施。遇有敌情发生，则白天施烟，夜间点火，用以通报敌情。

理由4：海河"岸边停泊的船俨然是海船"的说法，与事实相悖。如图：皇船坞附近的船是什么船？

▲《潞河督运图》
皇船坞附近的船

▲宋应星《天工开物》
书中行驶在大运河上的漕船

冯应榴自书题跋："图中往来船舫，系于运者十之八九"，"其一二瓜皮艇，则稽察征榷之用，坐粮使者所兼司也"。意思是说，图中的船十之八九是漕船，十之一二是坐粮使厅兼司的稽察征榷用的瓜皮艇。"漕艘之中，植两樯，而扬帆捩舵衔尾以进或已泊如鳞比者为重运。卷帆抽舵以尾推行者为回空。"意思是说，图中竖两桅杆扬帆的是"重运"漕船，卷帆的是"回空"漕船，即准备返回的空漕船。

比较"重运"和"回空"漕船，就是类似于《天工开物》书中的大运河上的漕船，而不是海河"岸边停泊的海船"。

根据以上分析，我认为《潞河督运图》首段：画的是潞河北端的皇船坞、烟墩、扬帆重运的漕船、卷帆回空的漕船与稽察征榷用的瓜皮艇。

（三）《潞河督运图》中段画的是什么

请看《潞河督运图》②中段。

在中段我们能看到通州的什么呢？

1.盐滩村盐仓、北皇木厂与下关码头

在今通州北关拦河闸桥南侧、潞河西岸是盐滩村。食盐不仅是京城官民，而且是战马的必需之物。这些从天津运来的盐，在张家湾盐场或北关盐滩村卸船，再转运京城或随运送钱粮、军饷的漕船，沿潮白河转运古北口或沿温榆河转运到巩华城、居庸关。明代王宣有诗赞曰："关寒尘清远水通，派钱南接潞城东。沙头浪起双流合，云际帆来万国同。"在盐滩村的潞河东岸连片的蓆（可写作席）垛，是囤储从天津运来的食盐转运到北方各地的盐仓。盐被露天堆集起来，四周筑土垣，上有席棚遮蔽风雨。

盐滩村西邻北皇木厂村。自明永乐年至嘉靖七年，修筑北京城所用的"砖石大木"，通过潞河逆流而上，一部分在张家湾，通过通惠河运达大通桥下；一部分运到潞河北端，再通过温榆河、坝河运往京城。嘉靖七年，通惠河口北调至今通惠河口以后，"砖石大木"运至于此，再运往京城。拖运不及的大木，贮于北皇木厂内。

现在的盐滩村与北皇木厂所在的北关地区，是最具京通大运河特色的运河商务区，北运河船工号子唯一的"非遗"传承人赵庆福，就是盐滩村人。现在，曾经的老村落，变成了高楼大厦。为了延续大运河文脉，留住乡愁，盐滩村与北皇木厂村之间的通榆大街,被命名为盐滩路。

盐滩路南端东侧是通惠河口与潞河交汇处,此处有下关码头。在下关码头、盐滩路一带,当年开着许多店铺,最多的是骆驼店,较出名的有18家。这些骆驼店,招待驼队老客食宿,饲喂骆驼,也代客存储货物。店内还有"跑合搭桥"的中介人,代客销售、购买货物。骆驼店对客人周到热情,特别讲究诚信为本、和气为先,因此生意兴隆。就连东家是俄国人、专做口外生意的"赛宝斋",也找骆驼店作代理人。从早春至深秋,远自蒙古漠北,络绎不绝的驼队,驮着数量可观成捆的"生皮"、俄国的毛织品、野生"口蘑"等口外货,到这里卸货,返回时又把大批漕船夹带来的南货,驮回长城外的大漠南北。

2.石坝码头区石坝掣斛厅与北关浮桥"驳船"

通惠河口南岸到大光楼前的潞河西岸是石坝码头区。此处有石坝掣斛厅,此厅通向北关浮桥,浮桥西侧有掣斛厅的辕门和照壁。北关浮桥东端有验粮用的"驳船"正在向南行驶。石坝掣斛厅由州判署理,负责抽签过斛验收转运京仓的漕粮。

如图:什么是"抽签过斛"?

斛,量器,方形,口小,底大,容量本为十斗,后改为五斗,十斗为一石。

唐朝:1斛=1石=10斗≈60公斤。

宋朝:1斛=5斗≈30公斤,两斛为1石。

清朝:内部装满谷物,记作"一斛",约合今35.6公斤,两斛为1石≈71

▲杭州中国京杭大运河博物馆馆藏的清代苏州府官斛

公斤。

据清代《石渠余纪》记载："各省漕粮，有正兑，有改兑，有白粮，有改征，有折征。"这里所说的五种漕粮，是指从东南各省所征、由运军漕运来的糙米、籼米（黏性较差的米，如香米）、小麦、豆类。负责通州码头验收这些粮食的经纪人，称作军粮经纪和白粮经纪，白粮是供应宫廷和百官的漕粮；验粮经纪人不是政府正式的在编人员，而是在通州坐粮厅有案可查，经过官家认可，处于押运漕粮与仓场管理之间的中间人。

《顺天府漕运考》记载："石坝在州城北关外，嘉靖七年建，正兑京粮从此坝搬入通惠河（葫芦头），万历三十三年题定，系通州判官管辖军粮经纪、水脚、船户，及白粮经纪、水脚、船户六项人役，催督漕白二粮，自石坝起，运至普济等闸，抵大通桥入京，我皇清仍旧。"各家石坝验粮经纪人轮流到石坝掣斛厅值班，当天值守的经纪人以抽签方式来决定当天的"过斛"人，即验收某船漕粮的验粮经纪人。

如图：军粮经纪密符扇。

▲通州区博物馆的镇馆之宝——军粮经纪密符扇

运输正兑京粮的漕船，到北关浮桥北侧等待石坝掣斛厅的验粮经纪人验收。经纪人在验收漕粮时，单臂插入漕船船舱的米中，直接由船舱内取出米样，凭借米与手臂的摩擦和以手攥握漕米的滑涩感，来判断漕粮是否"蒸湿"。经纪人检验合格的漕粮"起米过斛"，就是从漕舱内取出漕粮用斛量，核查数量，装入坐粮厅的布口袋。验粮经纪用木炭，在装好漕粮的布口袋外面画上自家专用的密符，叫作"戳袋"。这表明装袋之米已由某家经纪验讫完成。如此一来，这名经纪就要对这袋漕粮的质量负全责了。

"戳袋"之后的布口袋搬到"验粮用驳船"上，运到北关浮桥等待坐粮厅长官稽察"戳袋"漕粮。冯应榴自书题跋："石坝之北有浮桥（即北关浮桥），为榷税十三口之一。""以布袋盛米麦黍豆于船，船约百袋，袋各一石，无蓬窗而以篙徐进者，为剥载（即验粮用驳船）。"为什么要用"驳船"？"盖潞河水浅舟多，不能齐达坝下，故别以船剥坝"。

3."刮板""浅夫""标夫"

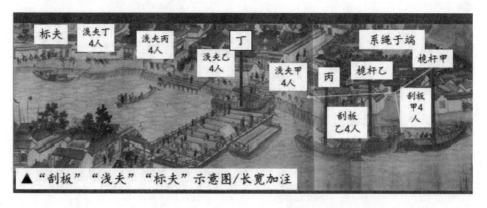

▲"刮板""浅夫""标夫"示意图/长宽加注

如图所示，北关浮桥潞河东岸，有引导验粮驳船的"刮板""浅夫""标夫"。冯应榴自书题跋："系绳于端（系绳于桅杆之端）"，"牵岸上者，曰刮板（按时用刮板刮沙牵船靠岸者）"。为什么要按时刮沙呢？因为"潞河沙易胶壅，非疏浚可施，惟时刮沙，俾随水去，无阻运足矣"。

"牵之者（牵绳者）曰浅夫，负柳枝行者为标夫。"为什么要用"浅夫""标夫"呢？因为"河之深浅无定，必以柳枝标识浅处，（用"标夫"指引，用"浅夫"牵引）使漕艘望知避焉"。

有学者认为"刮板""浅夫""标夫"是拉漕船的纤夫，由此判定"漕船"是"逆流"而上往北行，这是误读。

正确的解读是："刮板""浅夫""标夫"这些人，负责引导验粮用驳船，南行到北关浮桥，等待奉使通州坐粮厅的冯应榴验收。冯应榴验收合格后，这些驳船到潞河西岸大光楼前的石坝码头卸粮，再搬运到大光楼后的葫芦头，装上通惠河的驳船，运往北京东便门外大通桥码头。经过大通桥监督再次检查合格后，分拨到京城内的十三仓贮存。正如冯应榴自书题跋所讲："石坝在北门外，通州州判掌之……坝前为潞河，后即通惠河（葫芦头）……已运十三京仓之漕抵石坝，由大光楼下，背负而入通惠（葫芦头），肩踵相接，日数万人。通惠每闸有船，亦经纪

司之。过闸负运者,谓之水脚,并隶使者所辖。至大通桥以上,则监督之职矣。"

4.冯应榴的官船与东北角敌楼和大光楼

▲冯应榴的官船与东北角敌楼大光楼/长宽加注

官船　捧盘来迎余舟

东北角敌楼　大光楼　注:东北角敌楼在今北京国际财富中心一号楼会展中心处

冯应榴自书题跋:"至中流饱帆而放棹者(乘船者),即余官船。"官船后有侍卫船四五只,前有开道船三只。"小舟飞桨捧盘来迎余舟者,即取验之粮。"意思就是:北关浮桥南侧的一小舟上有人捧着盛放验粮经纪人验过之粮的木盘儿,飞桨来迎我,请我查验。

官船西侧潞河西岸,有通州旧城东北角敌楼(在今北京国际财富中心一号楼会展中心处),敌楼北侧城墙外的建筑是大光楼。请看大光楼图。

大光楼,取名自《周易》:"益,损上益下,民说无疆。自上下下,其道大光。"意思是说:"益,就是上恤下民,下民肯定欢欣鼓舞。自上施利于下,其道义必能大放光芒。"

大光楼

大光楼始建于明嘉靖七年(公元1528年),巡按直隶监察御史吴仲督修。明清两朝,户部坐粮厅官员在此验收漕粮,所以又称验粮楼。该楼上下两层,上层歇山顶,宽五间,进深三间,四面围有护栏。下层飞檐下有走廊,作为楼内外的过渡空间,这是典型的中国式建筑特点。清嘉庆进士程德润在大光楼廊柱上写有一副楹联:

高处不胜寒,溯沙鸟风帆,七十二沽丁字水;

夕阳无限好,对燕云蓟树,百千万叠米家山。

此联虚实结合,即景生情,极目雄旷。

上联："高处不胜寒"，源自北宋苏轼的词《水调歌头》："明月几时有？把酒问青天……我欲乘风归去，又恐琼楼玉宇，高处不胜寒。""高处不胜寒"，比喻地位高的人，则知心朋友愈少而孤独寂寥。此处指代朝廷的验粮官，登高楼远望。"溯沙鸟风帆"的"溯"，意思是逆流而上。"沙鸟风帆"，指代扬帆远来的运粮船队。"七十二沽丁字水"指代天津。上联的意思是：登大光楼远望，自天津扬帆远来的运粮船队，浩浩荡荡，逆流而上。

下联："夕阳无限好"，源自唐朝李商隐的诗："向晚意不适，驱车登古原。夕阳无限好，只是近黄昏。"积极向上的解读是：夕阳无限美好，只是因为接近了黄昏，才能看到如此美好的大自然之美。

"燕云蓟树"指燕京八景之一的"蓟门烟树"。"百千万叠米家山"——米芾以文人的姿态，一改唐宋以来宫廷画家过于写实的画风，用墨点叠加的手法，创立了写意写神的文人山水画，虽似不求工细，但云烟连绵、林木掩映，别具疏秀脱俗之风格。米芾之子继承家学并有所发展，世称米芾父子的山水画为"米家山"。由此写大光楼的近景：夕阳散落之下的大光楼，云树缥缈，好似"燕云蓟树"，又如米芾父子的山水画。

大光楼飞檐斗拱琉璃瓦，唐诗宋词文人画，以及海纳百川的大运河文化，都是中国文化的特定符号。梁启超说："红日初升，其道大光。河出伏流，一泻汪洋。潜龙腾渊，鳞爪飞扬……前途似海，来日方长。美哉我少年中国，与天不老！壮哉我中国少年，与国无疆！"

冯应榴乘坐的官船往南，是《潞河督运图》的尾段，即土坝码头区。尾段画的是什么呢？如图：

《潞河督运图》③尾段
清乾隆丙申年冯应榴倩江萱绘/长宽加注

（四）《潞河督运图》尾段画的是什么

1.天后宫

据清乾隆《通州志》载："天妃宫（又称天后宫），一在（通）州北门（城）内。""天妃"又称"天后"，南方沿海人称妈祖，原名林默，宋太祖建隆元年（公元960年）农历三月二十三日，诞生于台湾海峡福建莆田的湄洲岛，因救助海难，于宋太宗雍熙四年（公元987年）九月初九逝世。

北京通州的天后宫即天妃宫，是随大运河漕运而来。《元史·食货志》记载：海运"粮船漂溺者无岁无之"。平安抵达通州的船员，对女神感激不尽，崇拜也愈加虔诚。忽必烈以"护海运有奇应"为妈祖加封"护国庇民广济福惠明著天妃"，供奉天妃的庙曰"灵慈"天妃宫。由于妈祖拥有博大慈爱的襟怀和救苦救难的高尚品德，人们赋予她诸多神奇的色彩和美丽的传说，妈祖逐渐成为大运河沿岸、海峡两岸及全球华人共同敬重的海上女神。20世纪80年代，联合国授予中国妈祖"和平女神"的称号。

2.土坝掣斛厅及土坝号房

通运门外东关潞河西岸是土坝码头。土坝码头对岸有土坝掣斛厅及土坝号房。

土坝掣斛厅由通州州同署理。州同又称州同知，是知州的副职。《顺天府漕运考》："土坝在州城东防御外河，改兑通粮从此起，明万历三十三年题定，系州同知管辖军粮车户船户二项，人役督催漕粮至新旧城外，起车径入西仓，中、南二仓交纳，我皇清仍旧。"

土石二坝均建有号房，号房是用于暂时存储漕粮的建筑，即所谓"栖粮之所"。（乾隆）《通州志·漕运志》载："按行粮之时，或风雨骤至，或搬运不前，全赖号房堆垛。"

3.铜关庙与东关浮桥

土坝码头南侧有铜关庙街，因街口有铜关帝庙故名。铜关庙建于明初，庙内供奉"武圣人""关圣帝君"铜像。铜关庙因在土坝码头附近，是漕运官夫、商家行旅出入通运门的必经之地，因此香火很盛，闻名遐迩。"当时义勇倾三国，万古祠堂遍九州。"在我国历史上，人们对关羽的崇拜和遍布全国的关帝庙，已成为中华传统文化的一个重要组成部分。人们信关公，已经意识化并承认他是忠义诚信的楷模。

东关浮桥在今通州东关大桥附近，建于明朝初期。明洪武二十四年（公元1391年），北平布政使司的副长官周伟，建议用60多艘旧漕船，编联在一起，上铺木板，建船浮桥，同一年建东关浮桥。漕船通过东关浮桥时，浮桥设有解索撤船的装置，以利漕船通过，待漕船通过后，浮桥又可复原。

4.潞河驿站与封锁潞河航道的三只船

东关浮桥南侧，潞河西岸有潞河驿站。驿站是古代供传递官府文书，或来往官员途中食宿、换马的场所。明代永乐年间设置的潞河驿站，被称为京门首驿。潞河驿站旧址，在东关浮桥西南的赵登禹大街（原东关大街5号院）。潞河驿站东侧约50米处潞河岸边，有潞河驿码头。当年外国使节走水路出入北京，在潞河驿码头上下船，并由礼部官员至此接送。码头南侧有黄亭，六角攒尖黄琉璃筒瓦带宝顶，颇具皇家气派。

由于通州的土坝石坝码头是朝廷专用的漕运码头，所以，到验粮期间，为避免民船、商船与漕船争用航道，朝廷特建立黄亭，即潞河驿码头南侧的黄亭，凡民间客货船只一律不许越过黄亭。《潞河督运图》东关浮桥南侧，用锁链连接的三只船封锁了潞河航道，就是为了禁止其他船只进入漕运码头区。

5.万舟骈集

每年漕粮上坝，自潞河驿码头南侧黄亭附近的土坝码头区到大光楼附近的石坝码头区与二水汇流处的潞河北首，再到温榆河西岸的长店（今朝阳区金盏乡长店村），帆樯林立，鳞次栉比，形成老通州八景之万舟骈集。

有学者认为万舟骈集中的"长店"是指通州区的张家湾。如果是张家湾，那么万舟骈集"自潞河驿码头南侧黄亭至张家湾"，就不包括通州城东的石坝、土坝码头区，这与事实不符。况且，此时的张家湾已经不是漕运码头，不可能出现漕船的"万舟骈集"，所以说"长店"不是张家湾，而是温榆河畔的长店。

明代嘉靖《通州志略》明确记载："在（通）州城北安德乡（今属朝阳区），有通衢曰长店。店南河源自元旧京城，流出东南，入潞河，元漕运所历。"《通州志略》描述万舟骈集："州城东，自潞河驿以南（即自潞河驿码头南侧黄亭）至（安德乡）长店，四十里水势环曲，官船、客舫、漕运舟航，骈集于此，沙鸟汀

苹,村居岸柳,望之可入图画焉。"

朝鲜李朝著名学者朴趾源,随使团来北京祝乾隆七十大寿。他游历了河北承德与北京通州,写了《热河日记》,生动、形象地再现了通州大运河码头的繁荣景象:"(重运漕)船皆长十余丈,以铁钉装造。船上铺板,建层屋,谷物皆直泻于舱艟中。屋皆饰以雕栏画栋、文窗绣户,制如陆宅。下库上楼,牌额柱联,帷帘书画,渺若仙居。屋上建双樯(双桅杆),帆则以细藤单联幅。浑船以铅粉和油厚涂,上加黄漆,所以点水不渗,上雨亦无所忧也。船旗大书'浙江''山东'等号……""舟楫之盛可敌长城之雄。""不见潞河之舟楫,则不识帝都之壮也!"

五、结束语

唯物史观认为,准确的"时空定位"、言必有据的"史料实证"、实事求是的"历史解释"、天下一家的"家国情怀"是历史核心素养的必然要求。

以张家湾为画首的《潞河督运图》"通州说",由于未能准确"时空定位",所以不可能进行实事求是的"历史解释"。结果,难以自圆其说,被天津的学者评价为"讲不通的地方很多"。

天津的"三岔河口说"也未能准确"时空定位"。结果,把《潞河督运图》实际解释成了"海河督盐图"。其原因在于《潞河督运图》本来就不是描述三岔河口的画卷。

本人提出《潞河督运图》"以潞河北端为画首的通州说",它描述的是自通州北关拦河闸桥北侧"二水汇流"处即潞河北端,到通州东关浮桥今东关大桥附近,冯应榴奉使通州坐粮厅,在通州土、石两坝的潞河段督察漕运的《潞河督运图》。

智者千虑,偶有一失;愚者千虑,偶有一得。我们的共同点是:都热爱我们的大运河,都热爱我们的家乡。

诚邀大家到通州来!

历史上的通州,仓庾之都会,水陆之要道,望帆云表。

今天的通州,建设北京城市副中心,北京市委市政府东迁通州,标志着通州跨入了新时代。

现在,您再看通州的大运河畔:

一座又一座的美丽公园,桃柳映岸,百花争艳。

一个又一个的人文景观,如诗如画,到处可见。

一条又一条的绿色通道,曲径通幽,美轮美奂。

伟大的民族,创造了伟大的河流,

伟大的河流,孕育了伟大的精神。

高点定位,古今同辉。

在新时代人民领袖"人与自然生命共同体"理念的指引下,通州的大运河正在成为世界上最美的运河!

大运河畔正在崛起的通州新城,必将成为记录这一伟大时代的历史丰碑!

非常感谢杨朝晖教授对本次讲座的修改建议与指导!谢谢大家!

贾长宽

2022年4月15日

附录三
研讨会实录：向师而行

——2016年10月贾长宽老师教学思想研讨会实录

> **编者按**：2016年10月25日上午，北京市特级教师贾长宽老师教学思想研讨会在潞河中学举行，研讨会由通州区教师研修中心和潞河中学联合举行。与会者对贾老师的教学生涯和教学思想进行了充分研讨，高潮迭起。大家用朴实的语言、精彩的故事表达了对老教师的真情实感、对特级教师的景仰，也表达了大家学习贾老师乐业、敬业、精业，为通州区教师事业的发展勇于拼搏的决心。以下是依照研讨会发言顺序之实录。

不忘初心，教书育人

贾长宽

衷心感谢各位领导、衷心感谢各位老师莅临这次研讨会！

研讨我的教学思想，愧不敢当。因为我的教学思想，就是贯彻落实党的教育方针，就是贯彻落实学校的教育思想。概括地说，我的教学思想就是习近平总书记讲的"不忘初心"。

什么是"初心"？人之初，性本善。"初心"就是纯真的童心，就是中国人原本就有的善良之心。回想自己，1983年到潞河中学。我当时的想法就是，教书育人，教师的良心，最基本的表现就是一定要把课上好。

老艺术家讲，"戏比天大"，因为"戏"就是演员的饭碗。如果说"戏比天大"，那么，作为一名教师，就是"课比天大"，因为，老师的"课"关系到每一位学生的前途，关系到每一位学生将来的发展。我们教师，已经是，或即将是孩子的父母，将心比心，所以，为了学生的前途，秉持自己的良心，一定要把课上好。

首先是上好常规课。开始到潞河中学的时候，学校领导经常听我的课。本人暗自高兴，自以为领导重视。后来才知道，是因为自己上课不拿教案，领导自然怀疑是否认真备课了。其实，为了上好课，要讲的内容必须烂熟于胸。可以说，学生是非常爱上我的常规课的，在座的秀东主任是我教过的第一届学生，他可以证明。我教的最后一届学生是北京市贯通培养试验项目基础教育4个班的学生。结果，被学生评为最受欢迎的老师，荣获北京财贸职业学院2015-2016学年"优秀外聘教师"荣誉称号。本学期，学校安排我暂时带我校初一4个班的课。一位班主任对我讲："我们班的学生特别欢迎您的课。"让我惊讶，我选定课代表，居然有一半多的学生争当历史课代表。

其次是上好公开课。我讲过校级、区级、省市级各类的公开课。例如，参加过北京市的评优课，被评为一等奖；为北京市市级历史骨干教师培训讲观摩课；讲北京市级现代教育技术环境下"双主模式"公开课，听课人数近400人；应邀去山东曲阜师大附中讲观摩课，听课人数近400人；在"青春祖国行——2005京港澳中学生专列"上，为800名港澳学生讲历史课等。这类课，也一定要上好，因为，它不仅关系自己的名誉，也关系到学校的名誉。

再次是上好校本选修课。今天，我讲的《大陆对台政策的历史演进》一课，就属于"民族团结教育"的校本选修课。上好这类课，不仅有利于学生人文素质的提升，也有利于教师自己的发展。例如，开设"新疆历史探究"选修课，其讲稿编写为《多元一体的中华民族》一书，20多万字，由民族出版社出版发行……

不多讲了，耽误大家时间，再次表示衷心感谢！

退休了，我本想轻轻地走，正如我轻轻地来，在潞河的镜波里，也有我难忘的情怀。

静回首，三十余个夏去秋来，没有浓墨重彩，默默感激是我作别的告白。

抬眼望，红楼依旧在，童心未改，悠悠钟声踏歌拍，祝福少壮更精彩！

勤奋耕耘成就不凡业绩，诲人不倦展现名师风采

北京市通州区潞河中学校长 徐华

首先祝贺贾长宽老师的几十年教育教学科研工作通过这种形式加以展示并为自己的教师生涯画上非常圆满的句号。其实也不能说是句号，应该是个逗号，因为贾老师后边还有很多事情要做。同时，要感谢通州区教育研修中心历史教研室以及历史名师工作室的各位老师在这一过程中对贾老师、对潞河中学历史教学工作给予的热情和无私帮助。

今天之所以能在这样一个时间点对贾老师的教育思想做一个总结梳理，我想，从三个方面都有启示。

第一，对贾老师本人。潞河中学在教师专业发展这个问题上，提过若干要求。这些要求中比较明确的比如说，鼓励教师著书立说，这一点在教师发展要求中说得很明确，在贾老师身上就有体现。我们说，每位老师的价值，就像马克思所说的那样，在自己的领域中进行独立的创造，这就是老师的价值。贾老师在这个问题上立足历史学科，立足所在的通州区域，进行潜心研究。在潜心研究的基础上，形成自己独特的历史教学以及与历史教学相关的学术专著。可以说，贾老师在通州历史教学界形成了自己独特的教学特色。

第二，进一步发挥潞河教师特别是潞河名特优教师的示范引领作用。这一点，在贾老师身上也体现得非常明显。任何一个老师的专业发展如果不是开放的，那这个老师的成就不会很大。越是开放的、越是兼容并包的，这个老师的专业学术成就越大。在这个过程中，不仅是潞河中学自身的教师队伍培养，贾长宽老师很长时间担任历史教研室主任，其间还有不少兄弟学校找到我，或直接找到贾老师要求他带徒弟。在此过程中，贾老师一方面发挥了北京市特级教师的示范、引领、带头作用，给我们通州区历史教师队伍培养了许多新人，同时，自身功底也不断丰富、不断前进。

第三，就潞河中学的学科建设而言，每一位潞河教师都应该发挥作用，但是不同教师发挥的作用是不一样的。不论是潞河讲坛还是校本课程开发，具有特级教师身份且承担教研室主任这个角色的贾老师，在整个潞河中学历史学科课程建设当中发挥了重要的作用，做出了特别大的贡献。所以说，从这一点上来看，在潞河中学150年发展的过程中，贾老师留下了浓墨重彩的一笔。

最后，再一次向贾老师表示祝贺。

三个故事引发的思考

北京市通州区潞河中学副校长 张洪志

很高兴参加今天特级教师贾长宽老师的历史教学研讨会。长宽老师是我的老同事，我1982年暑期到潞河，长宽老师是1983年寒假到潞河，一起共事有30多年了。更密切的关系是我们同处一个史地教研室，我教地理，他教历史。关于长宽老师的教学思想、技艺与风格我不想多谈，那是历史老师和他的学生们的事。今天我想借此机会谈几件长宽老师教学之外的事。

第一件事：

那是我们刚入职不久，时任主管教学副校长的赵荣鲁老师和教导主任杨满银老师，在全校范围推荐了当时影响甚广的黎世法教授的"六环节六课型"教学法。所谓六环节是：①课前自学②专心上课③及时复习④独立作业⑤改正错误⑥系统小结；六课型是：①自学课②启发课③复习课④作业课⑤改错课⑥小结课。参加实验的老师是自愿报名，其中最年轻的一位教师就是长宽老师。当时也有很多教师持有不同意见，比如自学课，老师怎么能在课堂上不讲课呢，当时的一些教研室主任就私下和我聊过他们的疑惑。但后来证明多数参与实验的老师都因此而受益，但也有部分教师没有坚持下来，而长宽老师却一直坚守了一轮，这对于刚刚入职不久的长宽老师来说的确需要一番勇气。他所带的1987届文科班，历史高考成绩非常好，学校还专门给他一个机会在全校教师会上交流，我记得他发言的题目就是《用心理学的方法指导历史教学》。也可能从那时起，长宽老师就走上了孜孜以求的研究型教师之路，为他日后的专业发展确定了方向且注入了动力，当然也成就了他30多年来不菲的业绩。

第二件事:

从2000年开始潞河中学成为北京市最早承办内高班的学校,自然也就成为了当时北京市民族教育研究会的主要成员,我也被推荐为常务理事。2008年,市民研会要组织编写一套民族教育丛书,让潞河中学报个选题。长宽老师提交的《多元一体的中华民族》入选。在策划专著编写之初,这本是一个多学科参与的项目,也有几位教师参加了当时的策划会,但最终只有长宽老师坚持了下来,用了大约两年的时间才完成,这本专著也成为了长宽老师参加特级教师评审的成果要件之一。长宽老师后期又开展了少数民族人物小传的选修课程,这次实验是启发学生,师生共同完成的,目前也印制了教材,纳入学校的校本课程系列。当然,除我们潞河中学在内高班教育实践中的成就之外,长宽老师的专著也为确立学校在北京市民研会,既现在的北京市民族教育学会中的地位做出了重要贡献。后期潞河中学又参与了北京市另外一套民族团结教育丛书的编写。前不久我们的特级教师又接受了各学科民族团结教育大纲的编写任务。今年的北京市民族团结教育"胜利杯"课程评优活动,潞河作为承办单位,也承担了大部分评课任务。作为学会副秘书长,我更能体会到,在这其中最初长宽老师所发挥的作用及产生的影响。

第三件事:

2015年,由北京市教工委、教委安排,潞河中学与北京市财贸职业学院共同开展北京职业教育改革项目,即《北京市高端技术技能人才贯通培养试验》。潞河有17位教师参与了贯通项目试验,其中包括10位特级教师。长宽老师既担任了课程顾问又全职承担历史课程的教学任务。贯通试验属于职业教育项目,首批学生离散度大,中考分数偏低,又没有现成可参照的课程标准。这对于长期在潞河本部任教的老师来说的确是严峻的考验。从课程标准的编制、教学建议,到课程计划的制订,还有课堂模式的设计等,老师们为此贡献出了多年积累的经验与智慧,且付出了辛勤的劳动,而换来的则是项目运作的高质量、有特色。在教学中,长宽老师的特点是总可以发现学生的优点,尝试各种各样的方法促进学生的学习,当然也成为了项目中最受学生欢迎的老师。

这是我和长宽老师共事经历中,印象比较深刻的三件事,当然还有很多,限于时间的原因也就不多讲了。从长宽老师的这三件事中也可以得出这样几点感悟：

1.老师的工作不应该简单地看成是一个岗位或是一份工作，而应该看作是可以毕生探索、实践的事业，爱心、责任心、事业心兼有，且乐此不疲。在教育科研支持下的教育实践，不断创新，不断攀登，既注入了强劲的动力，又可以有效地规避职业倦怠的困扰，常做常新，其乐无穷，永无止境。长宽老师30多年的教育实践恰恰验证了这一点。我每每与长宽老师聊起教育问题时，他总是滔滔不绝，观点鲜明，充满兴致，好像总是第一次一样。

2.老师不应该只关注课堂和教学那点事，要在专业方面拓宽视野，厚积薄发。有广博深厚的知识积累才能够在课堂上旁征博引，博采众长，举重若轻。当然也应该创造和利用各种机会，用自己的智慧、知识、经验和感悟，为社会贡献知识。长宽老师编写的《多元一体的中华民族》已经成为研究民族教育的一份重要参考资料，算是对中国民族教育及历史教育研究的一份贡献，社会影响显著。

3.要不断研究自己的教育对象，一个有经验的教师能够根据教育对象的变化，调整自己的教育策略，以求最优结果。教师不要把自己固化到一种模式中，懒得或惧怕变化。当今的教师更要敢于面对改革，研究改革，接受挑战。我觉得这次参与贯通试验的教师就具有这样的勇气。当然长宽老师就是领军者之一，当别人抱怨学生的时候，他总是拿出学生的作业，不断炫耀，夸奖自己的学生多么好、多么有创意，还建议举办学生的作业展览，这些建议我们多数已采纳了。

看长宽老师外表往往给人一种沉稳寡言的印象，但他在课堂上的风采，不难让人体验到他那鲜明的观点与风趣的讲授，以及隐含在其中对教育的热爱与激情。也正是这种对教育的热爱与激情成就了长宽老师对中学历史教育的贡献，对潞河事业的贡献。我们虽然不能随意地称长宽老师为教育家，但至少是一位脚踏实地、始终不懈追求且小有成就的教育工作者，是一位中学历史教学的专家，更是一位名副其实的、值得年轻人效仿的历史特级教师。

他用"历史"书写历史

北京市通州区潞河中学党总支副书记 孟洪峰

贾长宽老师即将退休了,他的教育生涯一直奋战在潞河中学的教学一线。从入职潞河中学开始,在潞河前辈历史老师的扶持下,在他孜孜以求的不懈坚持下,他在历史教学专业的学养上突飞猛进,直至成为通州区普教系统历史学科的第一位特级老师,算得上功成名就,令人佩服。

本人有幸和贾长宽老师共事,在他任年级主任的时候做过班主任,而后又和他共同管理一个年级。他为人诚恳朴实,性格开朗大方,学术精深娴熟,管理足智多谋。不但是一个好老师,更是一个好的管理者,在全校老师中的口碑颇好。

当一个老师怎么才算是合格的?我曾经读过朱永新先生的一篇文章,颇有同感。朱先生把教师的修炼分成四重境界。

首先就是让学生尊敬的老师。是的,一个被学生轻视的老师是没有资格当老师的,也不能在学校立足。怎样才能做一位好老师?一言以蔽之,就是如同陶行知先生总结的那八个字:"学高为师,身正为范。"

"学高为师",就是涵养学识要高,教学水平要高。上一堂好课不容易,要让学生钦佩你,就要看你对课程、课堂的理解。你上课有效率吗?你的解释对学生来说是否深入浅出?如果学生对你所教的这门学科失去了兴趣,自然就没有办法做到"学高为师"。

"身正为范",就是要对自己要求更高一点。教师的一言一行,是学生的活教材。作为一名教师,要引导学生朝正确的方向前进。教师应该是一个主动帮助别人的人,应该有一颗善良的心,对弱者有一种同情的感觉。这个要求并不高,只要用心去做,就一定能做到。

其实做贾老师的学生就是很幸运的事,他教过的学生,多少年后回忆起时,无不对贾老师的课堂赞颂有加,对贾老师"说书"般的讲课风格更是津津乐道、难以忘怀。所有的学生都感到能轻松、愉悦地在贾老师的课堂上掌握所学知识，这是一个师者价值的最好体现。

第二重就是能够让自己感到问心无愧的老师。教师这个职业，就是吃良心饭的职业。我们如何评价一位老师？这非常困难。各种评估，各种问卷，各种成绩，都不能真正认识、准确评价一位老师。只有老师才是唯一真正了解自己的人——我说的是真的吗？我真的尽力了吗？我对得起我所教的孩子吗？对得起社会、父母、学校对我的信任，我心安吗？

老师做得好不好，有一个很小的细节可以衡量。在教师节，看看有多少已经毕业的学生记得送花给他们以前的老师，或者打个电话，甚至拜访他们。毫无疑问，这样的学生越多，这样的老师就越好。如果学生离开了你，再也不会想起你，你就该好好反省一下自己。做一个让学生记住的老师、一辈子想念的老师，这样的老师才算做到了极致，才算可以心安理得，没有辜负教师这个神圣的名字。

贾老师教学中突出的特点就是立德树人，一切为了学生的发展。他教过数不清的学生，这些学生有的已年过半百，但还是对贾老师印象深刻。我在做潞河中学办公室主任的时候，接触到一些老校友，了解到贾老师的学生受他影响至深。

第三重境界，让学校自豪的老师。作为一个人，在一个地方，在一个单位被记住，是非常了不起的。几年前，香港大学把"荣誉院士"的称号授予工作在香港大学的82岁的清洁工袁苏妹，就是纪念她为高等教育做出了特殊的贡献，用自己的生命影响学生的生命。这位清洁工尚且能做到，何况作为一名老师？

贾老师在教育一线岗位，想学校之所想，在推进学生素质综合评价的全国课题、全国首批示范性高中的验收、一系列别具特色的新本课程建设中，都做出了突出的贡献，为学校赢得了荣誉。

第四重，是让历史铭记的老师。这也是难度最大的境界。当年，清华校长梅贻琦在就职演讲中提出："所谓大学者，非谓有大楼之谓也，有大师之谓也。"因此，才有昔日的西南联大，由于它出了几十个院士，由于它出了一批让历史铭记的大师，所以这所学校依旧被历史铭记。

我想，贾长宽老师已经是到了第四重境界的老师了，当之无愧。愿潞河中学的师者，都能以四重境界为目标，脚踏实地，一步步通关，拾级而上，努力攀登。

先做一个让学生瞧得起的人,然后就努力做一个让自己心安的人,接着你要求自己成为让学校感到荣耀的人,那么你就很有可能成为一个让历史铭记的人。

我们共勉,致敬贾长宽老师!

培养学生健全人格的践行者

北京市通州区教师研修中心历史研修员 刘殿金

历史特级教师贾长宽老师,在潞河中学从事中学历史教学30余年,可以说是桃李满天下,学术成果颇丰。在他长期的历史教学实践中,逐渐形成了自己独特的教学风格。他上课语言生动幽默,分析鞭辟入里,论证材料丰富,推理缜密,逻辑性强,很好地促进了学生的发展,成为培养学生健全人格的践行者。他的教育教学经历,正如国学大师王国维在《人间词话》中所说的经历了三层境界:"古今之成大事业、大学问者,必经过三层之境界:'昨夜西风凋碧树。独上高楼,望尽天涯路'。此第一境也。'衣带渐宽终不悔,为伊消得人憔悴'。此第二境也。'众里寻他千百度,蓦然回首,那人却在,灯火阑珊处'。此第三境也。"贾长宽老师就是这样筚路蓝缕,在历史教学舞台上实现人生价值的。

贾老师1983年大学毕业走向中学历史教学工作岗位,积极探索素质教育的有效途径,立下"捧得一颗心来,不带半根草去"的志向。他本着"有教无类,因材施教"的原则,依据历史学科的特点以及培养学生健全人格的规律,踏上了"路漫漫其修远兮,吾将上下而求索"的教育教学之路,开启了历史教学的第一层境界。他勇于登高远望,寻找到自己要达到的理想目标。

贾长宽老师在长期的教学实践中,以课题为引领,以课程为载体,不断总结,取得丰硕成果。他撰写的《普通高中学生人格评价研究实践》一文,获全国教育科学国家级重点课题"整体构建学校德育体系"学术研讨会一等奖;高二开设历史研究性学习选修课《大运河文化珍闻录——让世界认识通州》,受到学生的欢迎;撰写的《培养创新精神与实践能力的尝试》一文,获中国教育学会历史教学专业委员会论文评比一等奖;开设"新疆历史探究"选修课;围绕民族团结教育讲市级研究课；编著《多元一体的中华民族》20多万字，2010年由民族出版社出版发行；撰写论文《普通高中民族教育历史校本课程的开发与思考》获北京市教育学会第三届"智慧教师"教育教学研究成果一等奖。他总结自己的教育教学实践认为：教学过程是"教师指导学生学习的育人过程"[①]。指导是艺术。他尊重学生，通过激发兴趣、课堂设问、成就期待等策略的灵活运用，来体现教学艺术化。贾老师追求自己的理想，废寝忘食、夜以继日终有所获，在课改到来之际仍然有困惑，但是孜孜以求，达到了历史教学的第二层境界。

在长期的教学实践中，贾长宽老师深知，要不断攀登新高峰，就必须加强学习，他经常用《爱弥儿》一书中的一段话来警告自己："我们教训人和自炫博学已经成癖，以致往往把那些在孩子们自己本来可以学得更好的东西也拿去教他们，可是却忘记要他们学习只有我们才能教他们的事情。"通过建构知识结构、学法指导、整体设计、过程管理、练习应用、研究性学习等策略的运用，来体现对学生能力的培养。各项策略相互协调、共同支持教学活动的开展，从而达到使学生学会学习、学会做事、学会做人的既定目标。使学生健全人格得以实现，从而站到了第三层境界，实现了自己追求的目标和个人价值。

最后祝贾老师历史教学思想长青。

爱历史、爱教育、爱学生、爱潞河

北京市通州区潞河中学历史教研室 姜静

2012年我研究生毕业来到潞河中学工作，有幸成为贾老师的关门弟子。在师徒结对仪式上，贾老师赠了我四个字"仁者育人"。当时我并不理解他的深意，跟随他学习的这几年里，我才意识到，这是贾老师所追求的职业理念。仁爱之心是儒家伦理的最高境界，在日常工作中，贾老师淋漓尽致地体现了这一传统美德：爱历史、爱教育、爱学生、爱潞河。

爱历史。对待自己的专业，贾老师不曾有丝毫马虎。他经常主动和我们交流

[①] 尹同雪：《论中学历史教师的教学反思》，山东师范大学硕士论文，历史文化学院，2013。

探讨一些学术问题，如有不能达成共识的地方，他会千方百计地去查阅资料，尽量获取更多的信息。听他的课，我注意到他用的材料、采纳的观点都是学术界最前沿的，这非常令人敬佩。在我看来，贾老师将历史都学通了，他上课就像说相声一样，从不低头看书，自信地面向学生，语调抑扬顿挫，我们都不知道下一刻他会讲出什么样引人入胜的内容来——这是我最羡慕的地方，但估计只能膜拜，无法超越了。

爱教育。这一点主要体现在贾老师与时俱进的理念上。来潞河的那一年，学校刚刚承担了可持续发展教育现场课的任务，我们组李岩老师也有一节课。我记得那时贾老师对可持续发展教育很有兴趣，曾经多次和我探讨，并提供了不少参考资料供我研读，希望我能够在日常教学中践行这一绿色的、可持续的、发展的教育理念。然而，由于缺乏经验，我很容易被课标和考纲束缚，加之课时有限，在这方面始终难以取得令人满意的成果。今年我要做一节可持续发展教育的现场课，回想当时贾老师的谆谆教诲，真是字字珠玑，至今依然有很好的启迪作用。

爱学生。我无间断地听了贾老师3年的课，有两年和他同一个办公室，从没见过他和学生发脾气，总是很有耐心、笑呵呵地面对学生。更主要的是，对我们组这些小辈——我们真心将贾老师当作师长——他像对待孩子一样，尽自己所能给予鼓励和庇护。2015届学生是贾老师带的最后一届高中生，我一点经验都没有，同头的赵老师则是新课改后第一次上高三，我们心里都没底。贾老师却很乐观，总说我俩没问题。第一次全区统考，我们的成绩不理想，还记得贾老师看到结果时脸上的失望，但那只是一瞬间的事，他马上真诚地劝慰我们："其实我们考得还是不错的，尤其你俩的班。主要是我教的班成绩不好。"其实并不是这样，但他把所有的责任都揽到了自己的身上，包括开年级会的时候。之后他每天都找学生谈话，一对一地辅导差生。这让我和同头赵老师感动的同时，也充满内疚，我们觉得必须更加努力，为贾老师的荣誉而战，不能让他"晚节不保"。终于，在后面的一系列统考中我们的成绩越来越优秀。贾老师这种保护晚辈的言行也影响到了组内老师，让我们这些参加工作不久的年轻人有一个很温馨、很和谐的奋斗氛围。

爱潞河。提起潞河的历史，贾老师那是如数家珍，脸上洋溢的是满满的自豪。他将自己的荣辱和潞河紧紧地联系在一起，在历史课上，他经常和学生说，"我们潞河的学生，出去要有潞河的样子，得让人竖大拇指"。我有时候会有这样一种感觉，像贾老师这样的一些老教师就是我们潞河的名牌。这几年学校尤其是文科班的升学率比之前有所下降，他非常着急，想方设法去改善，想从历史学科的角度提高学生的成绩。今年暑假我们组老师出现断层，校长找贾老师谈话，希望他能够返聘。我们以为贾老师会拒绝，之前他曾说很向往退休生活，要回家含饴弄孙、颐养天年了。没想到贾老师很痛快地答应了学校的请求，用他自己的话说，"我在潞河工作了这么多年，有感情，学校需要我，我没有二话"。

这是我理解的贾老师的"仁者育人"的职业理念，如今已经退休的他还继续奋战在潞河初中的讲台上，时刻秉承他的这一理念，"学为人师，行为世范"。作为贾老师的弟子，他的许多思想理念不知不觉已经深深影响了我，我可能做得不够好，但一定会努力传承贾老师的衣钵，毕生用仁爱之心对待教育事业，尽可能去践行"仁者育人"的理念。

致恩师

北京市通州区潞河中学历史教研室 1998届潞河校友杨连翠

让我代表贾老师的学生做发言准备，我的心情很忐忑，因为在贾老师33年的教学生涯中教过的学生遍布世界各地，而我却是他们中并不起眼的一个，我怕我代表不了他们；与此同时我也特别希望有一个场合能让我来表达对老师的感恩之情，于是今天我站在了这里。

作为老师而言，最大的幸福莫过于让学生喜爱自己所教的学科，在这点上，贾老师做到了近乎完美，你问贾老师所教的任何一个学生，你喜欢历史吗，他们的回答是肯定的，因为贾老师的历史课太有意思了，直到现在我们同学间一聊起贾老师的历史课，课上的情景还能历历在目，让你不爱听都难。那有人问了，贾老师为什么能把历史课讲得像说评书一样吸引人呢？同样作为老师的我今天深有

感触，这需要大量的知识作为积淀，需要全身心投入。这就让我想起上高中时，不论是不是贾老师值晚自习，总能看到他在办公室认真备课的身影。即使是现在，他老人家到了即将退休的年龄，也还孜孜不倦，不断地探索，为上好每一节历史课精心备课。作为老师的学生，我们是幸福的，也是幸运的，因为您的付出让我们了解了历史的博大与精深。

对于我来说，贾老师不仅是我的老师，更像我的父亲一样关心着我的成长。在我的学生时代，老师经常为我辅导功课，在高三填报志愿时，您虽然不是我的班主任，但是还抽出时间为我辅导填报志愿，分析报考不同系别的利弊，让我终生难忘；在我成为一名历史教师后，贾老师更是不断地帮扶我，激励我成长，我的每一节研究课都是贾老师帮我把关，给出方方面面的建议。老师经常说："看到你站到领奖台上时我是真高兴呀！"我想，这就是父亲对儿女真情的表露。

在贾老师的身上，让所有学生领悟到了什么是实干的精神，什么是负责的精神，什么是敬业精神。在这里，让我代表您的所有的学生道一声：老师，您辛苦了！最后，把我喜欢的这首《老师颂》转送给您，祝您在以后的生活中身体健康，早日登上百家讲坛！

老师颂

四度春风化绸缪，几番秋雨洗鸿沟。

黑发积霜织日月，粉笔无言写春秋。

蚕丝吐尽春未老，烛泪成灰秋更稠。

春播桃李三千圃，秋来硕果满神州。

学路频牵领，卅载潞园情

北京市通州区潞河中学历史教研室 1987届潞河校友 梁然

1984—1987年我在潞河中学读书，贾老师是我高中三年的班主任，历史老师。

　　跟贾老师3年历史的学习，不仅使我领略了历史的奥妙，还最终选择它作为我终身的职业。

　　高一还没有分文理科，当时正在学世界史。想那时贾老师也不到30岁，工作没有几年，却踏实敬业，逐渐形成了自己独特的教学风格：幽默形象、细腻生动。贾老师教了我们好多谐音记忆法。比如英国资产阶级革命爆发时间1640年，记成"一刘司令"；新航路开辟，"一士救二哥"（指1492年哥伦布到达美洲），一士拔起迪亚士（指1487年迪亚士到达好望角），一士救起达伽马（指1497年达伽马航行到达印度）……反正这些时间，便牢牢地印在头脑中了，没再专门记过。我的没有学历史专业的同学，每次聚会也仍然能够想起当年历史课的某个画面。还记得课堂上学到古巴比伦王国建立时间公元前1894年，老师问我们应该怎么简记。我冲口而出：一把揪死。伴随着老师的赞扬，我对历史的热爱又增加了几分。现在常想，调动学生的积极性是多么重要。当初如果老师自己说出来，我可能也会有这么深刻的印象，但一定体验不到那种参与创造的快乐。

　　1986年年底的我们已经紧锣密鼓地备战高考，为了帮助我们记忆，贾老师把美国独立战争的要点编成口诀配上当时流行的《泉水叮咚》的调子。已经放学，暮色昏沉，但大家坐在一起，唱着"1775，1775，列克星敦第一枪声响……"30年多时光匆匆已逝，而那黄昏、那歌声、那情景，至今还能清晰地浮现在眼前，恍如昨日一般。

　　1991年，大学毕业后我有幸回到母校工作，和贾老师在一个教研室。真的很庆幸，在贾老师教过的成百上千的学生当中，我是和他学习、相处时间最长，收获最大的一个。这期间，贾老师做过我的教研组组长、年级组组长，在我教育教学成长的路上，悉心地指导、耐心地帮助、热心地引领。

　　2000年，我第一次带高三正好又是和贾老师同头，现在回过头来看，跟着贾老师又一次学习，一节不落地听课，应该是我业务成长最快的一个阶段。贾老师可以说是倾囊而授，最后也终于取得了特别好的成绩。

　　今年已经是我工作的第26个年头了。这些年上过几十节研究课、评优课、观摩课，背后都离不开贾老师的支持。

　　2012年，我的《宋明理学》一课参加北京市基教研中心组织的基础教育优

秀课堂教学设计说课评选。准备的初级阶段，贾老师帮着查找资料、组织材料；在决赛前夕，一遍一遍地听我模拟讲述。当得知获得了北京市一等奖的消息后，贾老师发自内心地脱口而出一句话："真的比我得到一等奖还高兴。"我想这就是每一个做老师的人看到学生进步的共同心声吧！

2011年8月，我开始担任历史教研室主任工作。每一次活动，贾老师都积极参加，每一个组里的决定，贾老师都带头执行，为我工作的顺利开展铺平了道路。

"你要好好练字！"

"你要什么事情都早一点儿，不要掐钟掐点儿。"

"你要有高一点儿的目标！"

想一想这些话，工作这么多年，只有贾老师在不停地对我说啊！一直给我鼓励、给我鞭策、给我方向，使我不断地进步。我是何其幸运！

两周前，是贾老师的60岁生日。全组在一起为贾老师举办了一个简单而别致的聚会。虽然贾老师已经被学校继续返聘任教一年，随时可以见面，可是我的心中仍然充满了不舍。

在初一的历史教学中，贾老师又很快赢得了学生们的信任和喜爱，学生对历史学习充满极大热情。当我们抱怨历史教学受时代所制约、受课本所局限，所以学生不爱学习的时候，真的该好好自我反省一下，还有哪些是我们自己做得不够好的地方。我只知道，有三十几年教龄的已经是特级教师的贾老师，为了备好初一的一节课，准确把握好每一个概念，办公室的灯光常常亮到很晚。

云山苍苍，江水泱泱，先生之风，山高水长。

心存感恩，把握机会，勇担责任

北京市通州区委教育工委副书记 1986届潞河校友王秀东

（根据录音整理）

今天非常高兴，来参加贾老师教学思想研讨会。应该说这是一个非常简单又非常有意义的会议，为了一个普通的教育教学实践者，能让我们大家坐在一起，本身说明这个事又绝对是不普通的。

关于贾老师的教育教学工作，大家从各个方面谈了自己的感受、感想，各位谈的也正是我想说的，因为在座的贾老师是我的老师，张洪志副校长也是我的老师。贾老师用四个字"不忘初心"来诠释自己，体现了贾老师这么多年做人做事的一种方式。从另一个角度讲，我想更重要的可以从历史学科来说，学习历史，关键是要培养以史为鉴、以史为证的意识。今天我们一起追溯一位普通老师的成长历史，也就是希望通过这个研讨会，让我们还在工作的老师、新入职的老师，看到一位最普通的老师如何一步步成长为顶尖的老师，成为我们通州区的一个品牌，我想这应该是我们组织这个会更应该关注的地方。

我想从三个方面六个字来谈自己的感受。

首先是感恩。1983年，我在潞河中学读高一，当时还叫通县一中，贾老师是我的历史老师，从那时起，我才真的知道为什么学历史。贾老师从思想深处改变了我，虽然大学学了数学，但以史为鉴的意识牢牢地印在我的脑海中。1990年，北师大毕业，我到潞河中学任教和贾老师一块儿合作了22年，在这22年的工作中，不论从哪个方面，贾老师都给了我非常多的支持，所以我非常感谢！

贾老师的很多事给我印象都非常深。刚才张校长提到《大运河文化珍闻录》这门课，其实我今天也想到了这个事情。当初准备要出版这本校本教材，记得有天下午，贾老师围绕着这一段历史滔滔不绝给我讲了40分钟，讲大运河文化，讲中仓是怎么回事，讲后南仓是怎么回事，讲得我也激情澎湃，因为我还真的不知道这些，那次我才了解了大运河。上次通州电视台采访我，后来一块儿聊天，我说要研究通州的历史，我可以给你们推荐贾老师，他对这个事了解非常多也研究得非常深。总之，在我的学生生涯和20多年在潞河中学工作的过程中，得到了贾老师非常多的关照和帮助，所以我非常感恩贾老师和培养过我的各位老师，当然，更感恩潞河中学给了我学习和成长的平台。

后面四个字我想换个角色来说。

今天是贾老师教育思想研讨会，正好借这个机会，与大家说说副中心、聊聊副中心教育。通州确定为北京城市副中心，这应该是大家成长中的一个非常好

的机会，无论现在还是未来几年。刚刚贾老师谈到自己没有上过正式的初中高中，这是那个年代的局限，而我们的机遇是千载难逢的。我讲两个方面。第一个，就是大家经常听到的教育深综改，这个实际上可能给我们每个老师，当然也包括我个人，在各个方面带来挑战和压力，但是挑战和压力本身也是机会。北京市以考试招生改革，来撬动教育教学的改革，那么在这种大的教育改革浪潮中，我们作为老师在日常教育教学中应该如何去跟进？这实际就是一个成长的机会。另外，从大形势上来说，我们要适应改变了的服务对象，实际上我们面临的教育环境也在改变。比如，我们现在提到很多次的"互联网+"，我们生活在互联网社会，怎样才能真正把这个工具引进到我们的教育教学中来？前段时间我们邀请核心素养课题组的第一负责人——北师大的林崇德先生到通州来做讲座。现在提到核心素养，实际上更重要的是如何将核心素养的培养贯穿于日常的教育之中，需要我们每一位老师的每节课、每个活动，要做到润物细无声，也需要更多的像贾老师这样高水平教师的实践和引领。这些都说明教育深综改革扑面而来，那么我们每一个人怎么去面对这个事情？实际上我们理解为这些都是成长的机会。另外，还是说到我们通州区区域定位的变化，我们现在建设城市副中心，我觉得大家在未来两三年内就可以看到通州区在成为城市副中心以后会是什么样子，这个规划今年年底就会出来，看到这个规划，大家会了解到未来几年通州是个什么状态。区域的变化确实会给我们带来很多的机会，当然也是挑战。举几个例子。今年8月31日，咱们和北京教育科学院签了一个区域教育发展的协议。大家都知道，北京教育科学院是全市教育业务的主管部门，它一直是面向全市，好像这是第一次和一个区县签订协议。还有一个大家可能也经历了，就是北师大的教育创新高精尖中心，为了初一初二学生参加新的中考，专门做了一个学生学习的诊断，这个诊断后面马上就跟着全市8000名骨干教师要针对通州区的8000多个学生实施一个叫"双师工程"，这个评测是第一步，接下来就要来做这个工作。我记得区委书记杨斌讲过一段话，说通州建设城市副中心，我们面临的是什么呢？以前通州是北京的东部边关，现在通州是北京的眼珠子，眼珠子是什么意思呢？第一个，就是受关注；第二个，不揉沙子。通州的教育也将越来越受到关注，也必然提出更高的要求。今年4月27日，4所优质资源学校在副中心挂牌，都以示范校的资质全市招生，所以说通州区现在有7所示范校，以后还会有更多这样的情况。我说的这些情况是想说实际上这些都是副中心建设带来的资源。那么，在整个教育深综改的大背景下，会给我们带来非常多的机会和资源，我们要认识到并能在工作中抓住这些机会，来使我们的孩子获得感更强，来使我们自己成长更强。

第三个是责任。对贾老师教学思想的研讨，我斗胆总结一下，作为一名教师，第一是对学生的爱，第二是对学科的爱，第三是对学校的爱，第四个是对整个教育事业的爱。这支撑着老先生这么多年能够取得今天的成就。举一个我个人的例子。当年北师大在潞河中学有一个保送名额，我也是犹豫要不要报名，和一位我的老师交流，我问他："老师，我当教师行吗？"他说："怎么不行啊？"我下午就去报名了。没想到就被北师大录取了。一个老师有时无意中的一句话就会对孩子有很大的影响。关于责任，我想说的是在这样一些大背景下，我们如何在短时间内提高通州教育的质量，提升通州教育的品质，来适应城市副中心这个定位带来的要求和变化？真正提高我们区域的教育品质，还需要我们每一位老师的每一节课、每一个活动的品质提升，以满足北京城市副中心对教育的需求。

今天我就是想借这个会从这三个方面和大家交流。最后还是要感谢我们的贾老师，也感谢我们每一位老师每天辛苦地工作。最后祝贾老师身体健康、万事如意！也祝大家工作顺利，家庭幸福！

谢谢大家！

作者简介：王秀东，潞河中学1986届校友，贾老师工作第一年所教学生，以上发言是对研讨会的总结。

此外，在研讨会前后，我们还收到一些相关稿件，摘登如下：

我的生命和职业因您的参与而精彩

北京外国语大学附属中学政治教师 1987届潞河校友 王向红

贾老师，您好：

我是王向红，曾经是您的学生，1991—1997年在潞河工作也和您做了6年同事。如果要回忆与您相处的精彩瞬间，我脑海里一下子就闪现出三个画面。这三个画面都是做您的学生时候的，嘻嘻。

第一个画面是您给我上的第一节历史课。当时我刚考上我梦想的学校——通县一中（就是今天的潞河中学），一切都是欣喜的、新奇的，当一个"其貌不扬"的男老师走进教室，一开始，我不以为意，但您好像说评书相声一样地讲解历史，一下子把我带进了历史学科的天地。今天，我已经记不清楚您那天讲的具体内容了，但是您微微摇晃着头，微眯着眼睛，端着手，口若悬河的讲课姿态，抑扬顿挫的声音让我终生难忘。贾老师，您知道吗，当年我选择上文科班的一个重要原因就是我喜欢历史。而喜欢历史的重要原因就是您的历史课讲得好。在3年的历史学习中，因为您，我一直充满激情学习历史，高考的第一志愿也是历史系，可惜最后没能如愿，上了政教系，当了政治老师，但从教30年来，我除了教好自己的学科，一直对历史学科抱有极高的热情。这都是您的第一节课和以后的3年课程的结果。可以说，我真正地体会过因为一个老师而喜欢一个学科、一个专业的感受。因此，我在当教师的这几十年，也一直本着让学生喜欢我的课，从而喜欢我这个学科专业的理念，认真钻研本学科本专业所涉及的经济、政治、文化、哲学、法治等专业的知识，认真为学生上课，争取做学生喜欢的教师。

第二个画面是一次个别谈话，好像是高二文理分科以后，我选择了文科班，您是我的班主任和历史老师。一天的晚自习下课休息，我跟您聊天，表达了我是因为最喜欢历史学科而选择上的文科班，您特别认真地问我："向红，你那么喜欢历史，但是你的成绩为什么不是最好的呢？"我一下子愣在了原地，稍微感觉有点羞愧，但同时更大的是震动，是呀，我那么喜欢历史，为什么我的成绩不高呢？学习成绩的取得光有喜欢和兴趣就够了吗？学习还需要什么品质呢？从那以后，我冷静下来，拿出测验过的试卷，认真分析每一道题的失分原因，从落实基础知识和提升分析审题能力两个层面入手，认真学习，反复训练，历史成绩逐渐提升，从原来的及格水平到逐渐稳定在80~85分。由此，我深刻地体会到学习要取得良好的效果，不但需要兴趣爱好，还需要有实事求是的学习态度、严谨科学的学习方法和坚持到底的学习毅力。从教这几十年来，我和无数学生在交流学习体会的时候，都会无数次闪现您那天晚上的"认真提问"。也会模仿您对工作的严谨作风，从不敢有半点懈怠。

第三个画面是一次晚自习课上睡醒了以后，睁着蒙眬的眼睛，看到您站在桌子旁边，小声地说："睡醒了，该学习了。"我又是不好意思，又是羞愧地赶快投入到学习之中。

进入高三后，我们的学习非常紧张，身体疲劳是难免的。我的身体不好，经常胃疼，课上有时会犯困，虽然一直坚持，但总有睡着的时候。您是第一次当班主任，但是却特别理解我们学生的辛苦，了解每一位学生的特点，有针对性地进行教育，像我这种情况的上课睡觉，您并没有严厉批评，而是体谅、关心、理解，容我眯几分钟以后，再小声叫醒我。我知道，本着关心爱护、本着了解和体谅进行的教育最能打动人心。您的因材施教、因爱施教，让我铭记终生，也让我在我的教师生涯中不断践行。

贾老师，您是我高中阶段对我的生命影响最大的老师之一。几个画面可能只是您的日常工作，简单而平常，但却让一个学生终生难忘，而且在她的教师生涯中不断践行模仿。我想这就是您做教师的魅力。感谢您，让我的生命和职业因您的参与而精彩，也希望因为我的回忆和感恩，让更多的朋友感受和折服于您的睿智与风采中。祝您一切安好！

我的恩师贾长宽

北京第二外国语大学文化与传播学院党委书记 1987届潞河校友 周连选

我于1984年9月到1987年6月就读于通县一中,也就是现今的通州潞河中学,在这里得遇一批学高德重的好老师,对我个人人生成长起到了非常重要的影响,其中就有担任我3年班主任的贾长宽老师。

时间已经过去30多年了,如今贾老师已经退休了,但对我来说,一提起贾老师,我头脑中还是那位平时两眼笑眯眯,上课神采飞扬至忘我,总是穿一身深蓝中山装的班主任兼历史老师。

贾老师对我的影响有很多,首先就是做人要自律。记得刚上高一的时候,作为从农村普通初中考上来的学生,初入通县一中这座百年老校、全国名校、市重点校,除了有那么一点点紧张,还有那么一点点小自豪。但是十五六岁的少年,多少还是有点贪玩、疯闹。那时的通县一中教学安排还是很紧张的,早晨有早自习、晚上有晚自习。有一天上早自习,我不知因为什么事很兴奋,便和旁边同学说起了小话,正说得起劲,一抬头发现贾老师站在教室前门的窗子外正向里面瞭望,平时笑眯眯的眼睛瞪得老大。和贾老师目光相遇的那一刻,我浑身一颤,知道自己做错了事。尽管贾老师并没有批评我,但以后再上自习,我变得老实多了,总感觉贾老师在盯着我。直至今天,在自己不专心做事的时候,也总觉得有一双眼在看着自己。

其次是做学问要有韧性。记得贾老师和我们说过他的求学经历。贾老师这个年龄的老师,正好赶上10年"文化大革命",很多人可能初、高中都没有念完就去参加上山下乡了。贾老师虽然没有像其他人那样到更艰苦的地方接受贫下中农的再教育,但也早早地参加了生产劳动,直到1979年恢复高考,贾老师才通过自己的努力考入北京师范大学历史系深造。贾老师通过自己的经历,经常提醒我们学习要有韧性、做学问要有韧性,只有坚持做好一件事,才能有所成功。他不仅这样说,也是这样做的。他在历史教育这片广袤的大地上精心耕耘,诲人不倦、笔耕不辍,在我们这些学生的心里也种下了一颗"执着"的种子。

再次是做事要找窍门。在"学好数理化，走遍天下都不怕"思想盛行的年代，我也不太喜欢文史哲，但是高二分科时选择了文科，不能说与贾老师没有关系，他把我们这些懵懂的孩子领进了历史学科的大门。记得他说过，学历史既要熟知历史事件中的时间、地点、人物、过程、结果，还要掌握这个事件与其他事件的联系、影响、意义。印象中他在讲这个问题时，他举的例子是美国独立战争：1775年列克星敦的枪声是导火索，之前还有波士顿惨案和倾茶事件成为事件的催化剂，后面才有《独立宣言》、美国建国……他说历史来不得虚假，但历史就是一个事件一个事件串联和堆砌起来的，其实他在给我们传授知识时，也在教我们学习方法，想来这个方法就是今天大家普遍运用的"思维导图"。他还教我们很多记忆方法，比如谐音记忆法、联想记忆法等，所以那时我们文科班的学生都是满嘴的"一刘司令（1640年）""一起起舞（1775年）"等别人不知所云的词语。

时间的快马已经将我们从20世纪80年代末带到了21世纪的20年代，几年前见到贾老师时，他已经明显变老了，除了那双笑眼，头发已经花白、稀少，身体也有些发胖，但他身上那股精气神依然没有变，声音洪亮、侃侃而谈。他从事了、研究了一辈子历史教学，历史也给他留下了一个个美好瞬间、铸造了一座座丰碑！祝愿贾老师身体健康、晚年幸福！您留给学生们的精神财富，我们一定会传承下去！

研修员的好帮手——贾长宽老师

通州区教师研修中心高中历史教研员 正高级教师特级教师

1980届潞河校友 张启凤

教研员的工作离不开一线教师的支持与配合，特别是业务精湛、教学能力强、经验丰富的老教师。在我从事的教研员工作中，就得到了贾老师多方面的支持。

我是1997年开始担任高中历史教研员工作的。那时的通州区只有5所高中

校，永乐店中学是唯一的一所农村高中校，而我就来自永乐店中学。30多岁的我，刚刚走上教研员岗位，心中难免有些忐忑。为了做好教研员工作，我就主动与几位年长于我的教师沟通，希望得到大家的支持，如当年潞河中学的贾长宽老师与刘士元老师、运河中学的张启来老师、通州三中（今人大附中通州校区的前身）的陈秀文老师等。

当时，我一个人负责高中3个年级的教研工作，工作强度大，很多工作需要和一线教师共同完成。比如，每个年级的教材分析、高三年级高考模拟试题的校对把关等，每次找到贾老师，他都二话不说。因为当时高中教师总共只有十几名，而试题又必须保密，所以，只要贾老师不教高三，那么每年高考模拟试题的把关校对，都非他莫属。那个时候，请一线老师帮忙校对试题都是义务的，没有一分钱报酬，连一张证书都没有。所以，这么多年，我命制的试题没有出现过纰漏，从某种意义上说，贾老师是功不可没的。

每当区级教研遇到难啃的工作时，贾老师总会伸出热情之手，或勇挑重担，或协助工作。2004年，北京市中学历史教学专业委员会年会在通州召开，潞河中学一次推出5节市级研究课，听试讲、修改教学设计的任务很重，贾老师不顾自己也有上课任务，坚持每节课试讲都去听，都提出指导性意见和建议，减轻了我的负担，也保证了每节研究课的质量，5节课都受到了听课教师的高度赞扬。2007年4月，北京市即将进入新课改，要提前录制一些研究课供大家学习，贾老师又勇挑重担，承担了通州区的录课任务，课题为《国共合作抗日》。贾老师将潞河先辈的抗日事迹融入课堂中，使抗日英雄有血有肉，近在眼前，学生们深受感染。

在我个人的成长中，也得到了贾老师的热情帮助。还记得2007年冬季，在北京市学科带头人的答辩现场，贾老师是评委之一。因为我有慢性咽炎，说话多了就会失声。可能是答辩现场太紧张了，答辩不到一半，我突然声音沙哑，几乎不能出声。就在我不知所措之际，贾老师递给我一杯水，说道："慢慢来，别着急。"喝下两口水，稳定情绪后，我顺利完成了答辩。也许，贾老师早就忘了这件事，但我会终生牢记。

在对年轻教师的培养上，贾老师更是助力多多。2011年，北京市第一届青年教师基本功大赛，贾老师是辅导教师之一。从选手的层层选拔，到每一次对选手说课的点评,贾老师有邀必到。最难忘的是10月29日,那天是星期六,也是选手拿到课题,准备参赛的日子。那次比赛是24小时制,即从选手拿到课题到现场比赛,中间只有24个小时,这就需要团队的力量。早晨8点半,选手拿到题目,记得课题是岳麓版教材必修二《第25课 美洲与亚洲的经济区域集团化》。那是紧张而忙碌的24小时,也是大家研磨成长的24小时。团队一起研究课标、研读教材、确立教学目标和教学立意,查找资料,分头撰写教学设计、制作课件,在此基础上再撰写说课稿、制作说课课件。从早晨八点半开始工作,直到第二天早晨6点半,选手出发,前往北京市比赛现场。连续20多个小时,只让选手和备用选手休息了两个小时,指导团队则片刻不停地工作。当时,贾老师已经55岁,作为组织者,我曾几次劝贾老师休息一会儿,但他总是强调机会难得,一定要让小周(选手)取得最佳成绩。

从以上事例中可以看到,贾老师不但为潞河中学历史教师队伍的发展做出了贡献,也为通州区教研工作的顺利开展、教师队伍的专业成长做出了贡献。

注:2016年"向师而行"研讨会上,张启凤老师担任主持人,没有个人发言,会后撰写了此文。

感念吾师

首都师范大学敬修书院办公室主任 2000届潞河校友 陈源

今天是2022年5月19日,历史上的1890年5月19日,越南国家主席胡志明出生,他执政时统一了全国,他还主张对华友好,为发展中越两国关系做出了贡献。

今天下午,潞河中学的梁然老师微信和我联系,说他们专门访谈和研究贾长宽老师的书,即将付梓。鉴于我的专业是文学,又比较了解贾老师,看看能不能概括个书名,供参考。这让我对贾老师的回忆,又鲜活起来。

我记得老师的有趣:1894,一打就死,咋回事?甲午中日战争全面爆发。贾老师的课真是妙趣横生。我记得老师的细心:每次复习,老师都把历史事件给

我们梳理得清清楚楚，我也把笔记抄得密密麻麻。我记得老师的轻松：记得高考前，我因为紧张而瘫痪，躺在家里浑身无力，学不下去。那时候，我好像只给贾老师打了电话，把自己的紧张焦虑诉说给老师。如今我已经记不住老师说了什么，只记得老师的笑声和轻松的语气，一如平常。我记得老师的鼓励：贾老师背着我、当着我同学的面夸我："你看陈源答题字不多，但句句都在点儿上。陈源考北大啊，如探囊取物。"这如楚辞般的夸张手法，其实给了我很大的鼓励和自信。如今，评价学生，成为教育改革与实践的难点。评价关系着青少年儿童的自我认识和生涯发展。贾老师潜移默化中，影响着我，答题或做事，学会抓重点，提纲挈领，牵一线而动全身。他也给予我一种人生理想，就是做什么做到轻轻松松，该多好。其实，每个轻而易举的背后，都有着数十年如一日的默默努力。知止而后定，学生将不懈努力下去。

说来也巧了，25年前保送潞河，继续读高中。今天梁老师给我出的难题，我竟然匆匆浏览了书稿后，在几分钟内，就想到了"史有长宽，师爱无垠"。还得到了梁老师的肯定。我又解释了我的思考：长宽，正好是长方形的长边和宽边，历史是被书写的，总还是有边界的。但是老师的爱是无穷无尽的，并且还被年轻老师一代又一代地传承下去。而且教育最根本的，无论做了多少事，都是一个字，"爱"。如果此句子，横竖重组，再读之，便成了"史师有爱，长宽无垠"，我想教历史的老师，如果没有爱，那历史就只是文字的堆砌，记忆也就只是为了备考。而贾长宽老师将历史教育灌注了爱，又不拘泥于课堂，不断突破自我，突破学术研究的边界，取得了更大的成就，令自己也成为"史诗"般的"史师"，让我们从历史中学会爱，学会思考，学会以史为鉴，面向未来，活在当下。激励我们心存热爱，勇往直前。

爱因斯坦说："当在学校所学的一切全都忘记之后，还剩下来的才是教育。"毕业这么多年了，知识忘得差不多了。潞河教育在我们身上和记忆里留下了什么呢？校史馆里专门有一部分展厅，展现的就是学子对潞河的眷恋与回馈。"潞河之恋"题记写道："潞河的魅力究竟是什么？使得这些学子魂牵梦萦，是迷人的校园、尊敬的师长还是令人回味的校园生活？你会从这里找到答案，你会真正体验到——什么是教育的力量。"离开母校22年，潞河仍然是我深深眷恋的地方。苍松翠柏、槐花枫叶，我爱；灰瓦建筑、亭台楼阁，我爱；白鹅戏水、协和冰雪，我爱；良师益友、如切如磋，我爱；谆谆教诲、绵绵师爱，我爱！吾爱真理，吾更爱吾师。感恩包括贾老师在内的所有恩师！

　　这篇文章，中断了一宿，我睡着了，也没有关灯，再醒来把下文写完，已经是2022年5月20日。1506年5月20日，西班牙航海家、探险家哥伦布逝世。不禁感慨，人的一生都是有限的，如何在有限的生命时间里，完成无限的梦想呢？当一个教师吧，去帮学生们圆梦，这就是我在高考前做出的选择。在后来22年的大学求学和工作过程中，也从没有忘记，梦起飞的地方，和助梦飞翔的师爱传承。

　　注：本文成文于数日前，记述了书名的由来。

后记

岁月沉香，素履以往

2020年的春天令人难忘，全国笼罩在疫情初起的阴霾之下，居家的网课让人又焦虑又无奈。恰在此时，首都师范大学杨朝晖教授发起了"仰望与走进——北京优秀历史老教师研究"活动，一下子调动了大家的积极性，课余的日子充实起来。

按照北京各城区老教师分布组成了若干小组，潞河中学的贾长宽老师列为被研究的名师之一。从接到任务的那天起，潞河中学历史教研室和通州区教师研修中心高中历史教研室的老师一起通力合作，历时两年，我们制订计划，确定分工，进行理论学习，草拟采访提纲，相继在2020年8月和2021年2月进行了两次大型的访谈，在此前后，还有无数次与贾老师的沟通求证，组内成员的探究讨论，对张世义校长、张洪志校长、贾老师的同事、学生等相关人员的采访。在掌握了大量的一手材料后，我们又去粗取精，删繁就简，数易其稿，其间不知道度过了多少不眠之夜。

今天，为期将近两年的访谈项目，终于有了令人比较满意的模样，不禁窃喜。

初稿刚刚完成的时候，因为有些文章出自潞河中学的老校长张世义之手或有关联，而老校长又是书中提到的张继辉老师之子，所以向他求证一些事情，并简单介绍了我们课题组的研究背景以及初步的成果。没想到得到了老校长热情洋溢的回复：

"感谢你们的辛勤劳动。问渠哪得清如许？为有源头活水来。好学校与好老师是分不开的，你们的课题正是在阐释这亘古不变的真理，意义非凡！时光流逝，历史永恒，但时光往往又掩埋历史面目，而你们不仅留住历史更让历史变得鲜活，体现出对历史的敬畏、对名师的敬仰、对劳动的尊重……实在功德无量！你发我的3篇文章涉及5个人却跨越了潞河72年的历史，真让人激动啊！如果各学科各学校都有人这么做，那将是一幅什么样的图景！"

感谢老校长的肯定和鼓励。从进入这个研究项目，我就有一种满满的责任感和使命感，觉得自己正在和一群对的人，做着一件对的事儿，特别有意义。是啊，时光会掩埋历史的面目，我们做的事情，就是在和时间赛跑，向那些曾经用自己的生命铸造首都历史教育辉煌的老教师致敬、学习。

1984至1987年，我是贾老师带的第一届毕业生中的一员；从1991年到2017年贾老师退休，又做了26年同事，多次同头，所以一直以为自己对贾老师的了解已经很深了，可是数次的访谈下来，还是像挖掘到了宝藏。贾老师对唯物史观的理解，对运河情缘的执着，对立德树人的追求，我好像都知道，又好像都不甚了解。由此可见，科学地访谈研究，对我们身边的人才资源的保护与传承，是非常及时而必要的。

为了惠泽更多的老师，我们的团队也在不断扩展。这当中，作为核心骨干成员的两位青年教师金晓洲和马甜甜更是发挥了巨大作用。她们查找资料、整理记录、组织文本，为本书的成书做出了突出贡献。

本书还特别得到了首师大硕士研究生张进老师（2011届）和李瑾老师（2022届）的支持，贡献了他们的毕业论文，参与了本书的编写。此外，两位潞河毕业生，现在中国人民大学攻读硕士的邓岳婷同学和首师大历史学院本科学习的李丹同学也参与了本书的校对工作，在此一并表示感谢。

还要特别感谢朝晖教授敏锐地捕捉到描绘传承老教师这一课题，并在后续的研究中一步步精准给力的引导，直至成文的过程中细致耐心又高屋建瓴的点拨，真切感受到科研指导实践的力量。

访谈的过程，也正是我们受到教育、激励自我、打造团队的过程。两年的活动进行下来，参与成员无不感到收获丰盈，甚至远远超出了我们的预期，喜出望外之情溢于言表。我们截取其中的一部分。

潞河中学的金晓洲老师说：

2014年，我在首都师范大学攻读教育硕士期间，有幸回到母校见习，贾老师

的课给我留下深刻印象。他精益求精的备课、引人入胜的讲授、鞭辟入里的分析、春风化雨的互动，都成为我心中理想的历史课堂典范。时光飞逝，有幸参与到本次课题研究，在参与对贾老师的两次深入访谈后，特别感佩他的敬业精神——几十载繁杂的日常教学之余依然坚持求索创新教育、教学模式，退休之后仍从事乡土史研究与宣讲，更为他丰富的教育智慧、严谨的治学态度以及亲切朴实的处事风格深深折服……从贾老师身上，我看到作为一名优秀老教师应具备的高尚品德与人格魅力。

潞河中学马甜甜老师说：

今年是我从教的第二年，概括我这两年最贴切的词语，想来就是"幸运"。何其幸运，能够来到潞园，让我感受到一片土地的"一草一木皆育人"，能够向曾经求学于此的革命先辈们学习；何其幸运，可以认识这样一群对历史教育事业充满敬畏和热忱的可爱老师，让我理解了"知无不言、言无不尽"，在历史教研室的代际传承中学习成长；何其幸运，能够参与到贾老师的研究课题当中，让我通过一个个课例、一场场讲座、一次次访谈，了解了"为人师表""仁者爱人"，暗暗立下向他学习的教育目标。希望未来的我能够珍惜这份幸运，化为动力，继续前行，适性扬才，用爱去成就一段段美好的青春年华。

潞河中学刘艳萍老师说：

我与贾老师的结缘应该是从听贾老师课开始。那时我还在通州区永乐店中学，学校为了提升历史教师的教学水平，派我来潞河中学听贾老师的课。在当时的情况之下接受他人听课实际上是把自己的教学资源，毫无保留地公开呈现出来，而我跟贾老师之前毫不相识、没有交集，还是外校教师，没想到贾老师毫无拒意，满口答应下来。那一年深入到贾老师常规课堂中，体验了老教师朴实、认真、生动的常态教学，使我受益匪浅。

在访谈过程中，感触最深的就是贾老师用爱在教学、用爱在对待学校、用爱在对待生活。他把爱融入了课堂之中，更是把对我们后辈老师的爱融入到了传帮带中。从他身上我学到了很多，他是我工作、生活的榜样。

潞河中学姜静老师说：

2012—2015年，我连续听了贾老师的3年课。记不清具体讲什么内容了，印象最深的是课堂上贾老师的风采：音调抑扬顿挫，感情充沛饱满，肢体动作恰当传神，神采奕奕的样子就像会发光一样。他的课件提纲挈领很简单，信手拈来的历史知识与他特有的相声似的教学风格相得益彰，深深地吸引着学生，他们的眼神总是跟随着贾老师，所谓"信其道而尊其师也"。从教10年的我，梦想就是成为贾老师那样"会发光的历史教师"，用自己的所学教书育人，努力做学生成长道路上的引路人。

潞河中学康蕙茹老师说：

提起贾老师，我的脑海中不禁浮现数年前他为通州区历史教师做的专题讲座《新中国的外交》。贾老师深厚扎实的专业功底、引人入胜的教学风格、地道趣致的京腔京韵，深深打动了我。几年后，我有幸参与了本课题的研究，较为全面地了解和学习贾老师的教学思想和经验，深觉受益良多。参与访谈的过程，对我而言，是一次缓步反思的过程，是一趟自我进益之旅。特别感谢贾老师，感谢这一活动。

潞河中学杨茜媛老师说：

作为一名教坛新兵，我进入课题组的时间不长，是在文字中逐渐认识和了解前辈贾老师的。这些事迹让初为人师的我看清了前行之路。我要像贾老师那样，始终坚持着严谨治学的态度，对工作心怀敬畏，认真负责，一丝不苟；像贾老师那样，始终怀有献身教育事业的理想，对学生循循善诱，言传身教，加倍关爱；像贾老师那样，始终保持有着高度的责任感，立德树人，关注人格教育，让学生能够主动发展、全面发展。我会在贾老师曾经工作过的校园里辛勤耕耘，用粉笔画出人生绚烂的彩虹，让理想在默默奉献中飞扬。

首都师范大学教师教育学院学科教学（历史）2020级硕士研究生李瑾老师说：

非常幸运在研究生入学之初就参与了老教师研究的活动，在这一过程中，也明白了教育信念、教育情意等内容的形成要经历种种曲折。但是一想到最终可以获得独具特色的教育教学信念等内容，我便对自己的教学生涯充满了期待。首都历史老教师们以青春为光，照亮中学历史教育的前行之路，有了他们在前方的指引，我们这些后来者便能更加无畏前行。

中国人民大学历史学院专门史专业2020级硕士在读研究生、潞河中学2016届毕业生邓岳婷老师说：

作为一名实习教师，能够参与本书的校对工作，对我来说是一个宝贵的机会。阅读文稿，仿佛在和这位经验丰富的老教师隔空对话，我在当前教学中面临的种种问题，似乎都在贾老师的经历中找到答案。教育不是填满一个篮子，而是点燃一团火。贾老师用他的热爱、坚持、严谨、创新，几十年如一日地奋斗在历史教学的第一线，培育出一代代优秀的潞河学子，把知识的火种挥洒在这方美丽的校园中。路漫漫其修远兮，在贾老师这样优秀前辈的引领下，我们作为后来者更应当不断反思、砥砺前行。

首都师范大学历史学院文化遗产专业2019级本科在读生、潞河中学2019届毕业生李丹同学说：

有幸参加了本书的校对工作。虽然自身并没有接触过贾长宽老师本人与他的课堂，但在校对和阅读书中的文字与故事时，仍然深深感受到贾老师那令人敬佩的教育理念、敬业精神与人格魅力。是他让我意识到，什么叫作"光而不耀，静水流深"。一位好的老师，在达到一定成就的背后，必然是奋楫笃行，臻于至善；脚踏实地，潜心学习；不断探索，克服困难；身体力行，挥洒热爱。在潞河中学的高中生活，是我非常难忘的一段时光。除了潞河自身悠久的历史与优美的环境，更重要的是潞河人身上的热爱与责任感。希望这些精神，能够薪火相传、亘古长存。

10余位访谈活动的参与者，每个人都身受洗礼，感触良多。纸短情长，说不尽老师们的感悟与收获。在这一长达两年的访谈活动中，在贾老师身上，大家都感受到了热爱的力量，记住了专注的模样；在今后的日子里，团队的老师们，也会不断向阳生长，打造自己有个性、有创意的精彩课堂。

时光知味，岁月沉香。心中有光，素履以往。贾老师的案例告诉我们，没有白白付出的心血。每一次的努力，都会使你和你希望中自己的样子又近了一步。

两年的访谈研究活动即将告一段落，但是老师们对老教师的致敬与学习，对教育真谛的实践与探寻，其实才刚刚开始。

梁然

2022年5月30日